Isa von der Lütt

Das feine Dienstmädchen

wie es sein soll

– 1892 –

Eine Gabe für Hausfrauen und Dienstmädchen

Mit einer empfehlenden Einführung

von Pfarrer Karl Ostertag

Weitere Bücher von Isa von der Lütt

Kindererziehung 1900
Reprint 1900, Taschenbuch, 44 Seiten – ISBN 978-3-86777-916-6

Elegante Hausfrau 1892
Reprint 1892/2012, Taschenbuch, 226 Seiten – ISBN 978-3-86777-324-9

Gesellige Hausfrau 1892
Reprint 1892/2014, Taschenbuch, 158 Seiten – ISBN 978-3-86777-344-7

Impressum

Umschlaggestaltung: Harald Rockstuhl, Bad Langensalza

Titelbild: Postkarte - gelaufen am 3.6.1911 nach Leutersdorf
Original Sammlung Harald Rockstuhl

Bisherige Auflagen:
(um 1892) ff. –Deutsche Verlags-Anstalt Stuttgart und Leipzig.
1. Reprintauflage 2011, 2. Reprintauflage 2016 im Verlag Rockstuhl

3. Reprintauflage 2020
ISBN 978-3-86777-297-6, gedruckte Ausgabe

Satz: Verlag Rockstuhl, Bad Langensalza/Thüringen

Layout: Harald Rockstuhl, Bad Langensalza/Thüringen

Bindearbeiten und Druck: Herstellung in Deutschland

Die Deutsche Nationalbibliothek verzeichnet diese Publikation in der Deutschen Nationalbibliografie. Detaillierte bibliografische Daten sind im Internet über *http://dnb.d-nb.de* abrufbar.

Inhaber: Harald Rockstuhl
Mitglied des Börsenvereins des Deutschen Buchhandels e.V.
Lange Brüdergasse 12 in D-99947 Bad Langensalza/Thüringen
Telefon: 03603 / 81 22 46 Telefax: 03603 / 81 22 47

Inhalt

Das feine Dienstmädchen

wie es sein soll

Eine Gabe für Hausfrauen und Dienstmädchen

von

Isa von der Lütt

Mit einer empfehlenden Einführung

von

Pfarrer **Karl Ostertag**

Vorstand des Vereins der bayrischen inneren Mission

Fünfte Auflage

Stuttgart und Leipzig

Deutsche Verlags-Anstalt

Vorwort

Dieses Büchlein ist für strebsame Mädchen geschrieben, die den löblichen Wunsch haben, sich in ihrem Berufe zu vervollkommnen, oder für solche, die sich gerne zu besseren Stellen aufschwingen wollen, wenn sie, vom Lande kommend, in kleinen Familien waren, wo sie keinerlei Gelegenheit hatten, sich diejenigen Kenntnisse zu erwerben, die nötig sind, um den Anforderungen eines feinen Hauses zu genügen.

Ebenso ist es für diejenigen Mädchen bestimmt, welche schon vollkommen mit allen Anforderungen eines feinen Haushaltes vertraut sind. Auch solchen kann und wird es von mancherlei Nutzen sein, diese Anforderungen einmal an der Hand einer erfahrenen, wohlmeinenden Hausfrau mit Nachdenken durchzugehen.

Einführung

„Gesinde" stammt, wie uns die Sprachkundigen sagen, von Gassindus, Weggenosse, das ist einer, der eine Zeitlang den nämlichen Weg mit uns geht, somit auch Freud und Leid mit uns teilt. In der Tat eine Bedeutung des Wortes „Gesinde", deren wir uns herzlich freuen. Kann es ein schöneres Bild für das rechte Verhältnis von Herrschaft und Dienstboten geben als eine untereinander verbundene Gruppe von Wanderern, die gemeinsam ihre Straße durch die Zeit hinziehen, gemeinsam gute und schwere Stunden hinnehmen, gemeinsam nach dem höchsten Ziel trachten?

Uns scheint, es habe Zeiten gegeben, wo die Dienstboten mehr als „Weggenossen" betrachtet wurden und sich selbst mehr als solche betrachteten, als dies jetzt der Fall ist. Mit dem Verweisen auf die „gute alte Zeit" ist es freilich eine bedenkliche Sache, und es hält nicht leicht, festzustellen, wann dieselbe eigentlich war. Dennoch war schon in höherem Grade als jetzt die Anschauung Riehls zur Wirklichkeit geworden, das Dach des Hauses bedecke nicht nur die in engerem Sinne zur Familie gehörigen Blutsverwandten, sondern auch die Freiwilligen, die durch eine Art von Adoption in ein gemeinsames sittliches Verhältnis hineingezogen worden sind.

So schwer auch die Aufgabe sein mag, das rechte Verhältnis zwischen Herrschaft und Dienstboten herzustellen, die Aufgabe ist lösbar und in einer Menge von Fällen tatsächlich auf das lieblichste gelöst worden. Für die Herrschaften sei ein einziger Vertreter genannt, der berühmte Künstler Professor Dr. Pfannschmidt, über dessen Scheidewort an das treue Dienstmädchen das Nähere in seiner Biographie Seite 416 nachgelesen werden wolle. Und als einzige Vertreterin des Dienstbotenstandes sei Babeli, das Schweizermädchen in Pestalozzis Elternhause, genannt. Der große Pädagog widmete ihr den Nachruf, sie sei großherzig bis zur Erhabenheit gewesen, habe das Unglaubliche geleistet und nie eine Silbe über ihre Selbstaufopferung gesprochen.

Eine Legion böser Geister ist in das gegenseitige Verhältnis gefahren und hat Zündstoff in Fülle angehäuft. Es wird gut sein, wenn beide Teile sich eine Prüfungstafel vorhalten und über ihre Schuld nachdenken wollen. Helfe wer immer kann, das Heiligtum des Hauses wieder aufzurichten!

Ob nun aber vorliegendes Büchlein hierzu eine Handreichung tut? Sicherlich! Denn soviel gewonnen ist, wenn die Dienstboten tüchtig in ihrem Berufe sind und ihre Obliegenheiten verstehen, so gewiß geht der Nutzen dieses Büchleins über das scheinbar nächste praktische Ziel hinaus.

Mit rechter Zustimmung haben so manche, die wir um ihre Anschauung baten, das Büchlein gelesen. Wie wertvoll ist nächst dem ernsten Hinweis auf das Eine, was not tut, der freundliche, humoristische Ton, den die Verfasserin mitunter anschlägt. Indem sie die jugendlichen Leserinnen, in deren Hand das Büchlein gehört, in muntere Stimmung versetzt, gewöhnt sie ihnen auf die glückliche Art Fehler ab und erzieht sie dieselben zu geschicktem Tun und Lassen. Eine so liebevolle Weise der Erziehung kann nicht ohne gute Wirkung bleiben, und es ist uns von Haufrauen die Versicherung gegeben worden, daß sich Dienstmädchen mit wahrem Eifer in das Studium dieser Blätter vertieften und bei dem Schein der Lampe sich gegenseitig darin behilflich waren, die Theorie in die Praxis zu übertragen.

Im Interesse beider Teile, der Hausfrauen und der Dienstmädchen, ist es gelegen, daß diese Anweisungen Isas von der Lütt weite Verbreitung finden.

München, November 1898. K. Ostertag.

Erster Teil

Allgemeines

Mit Gott fang deine Arbeit an,
So ist sie allzeit wohlgetan!

So laßt uns denn „mit Gott“ euer Bündelchen schnüren! „Bündelchen schnüren“ heißt es freilich längst nicht mehr. Die Bedürfnisse des Menschen sind nach allen Richtungen gewachsen, und so braucht denn auch schon das angehende Dienstmädchen einen Koffer, um ihre Sachen zu packen. Da tut es denn wohl not, zu überlegen, was gut sei, hineinzulegen an Kleidern und Wäsche, an Schuhen und Strümpfen.

Zu allererst aber, meine lieben Leserinnen, wollen wir euer Schmuckkästchen hineinstellen.

„Schmuckkästchen?“ höre ich da ein blondes junges Kind vom Lande, das nichts besitzt als ein kleines Bröschlein von ihrer Patin, erschrocken fragen. „Muß man denn Schmuck haben, wenn man in eine feine Stelle will?“

Beileibe nicht, mein liebes Mädchen! Im Gegenteil. Jedes Behängen mit glänzenden Dingen gilt gerade in besseren Häusern für Dienstmädchen als recht unfein und ungehörig und wird gar nicht gern gesehen. Ich meine auch nur das Schmuckkästlein eures inneren Menschen, ich meine die Perlen und Edelsteine christlicher Tugenden und tugendhafter Eigenschaften, die zwar jeden Christenmenschen zieren sollen, die aber gerade den Dienstmädchen besonders schön stehen und deren Besitz ihnen für ihre Stellung besonders förderlich ist. Ich meine also die herrlichsten

Dienstmädchentugenden

Vor allem meine ich den Talisman christlicher

Frömmigkeit

Zwar wird ihn gewiß jeder meiner lieben Leserinnen tief im stillen Herzen tragen; damit euch aber auch im Getriebe des lauten, staubigen Alltags seine Strahlen nicht verschleiert werden, legt euch zu euren Habseligkeiten auch Bibel und Gebetbuch in den Koffer.

Ist einmal an einem Sonntage der regelmäßige Kirchgang euch weder vormittags noch nachmittags möglich, so seid beim Lesen eurer Bibel doppelt eingedenkt, daß der Sonntag „der Tag des Herrn" heißt und nicht nur zum Ausruhen von körperlicher Arbeit da ist, sondern vornehmlich, daß der Mensch sich seines besseren Teiles bewußt werde und seine Seele erhebe im Aufblick zu Gott. Dieses sonntägliche Himmelwärtsschauen soll euch dann die ganze Woche in eure Arbeit hineinleuchten, denn es heißt:

> *„Lasset das Wort Christi unter euch reichlich wohnen; lehret und vermahnet euch selbst mit Psalmen und geistlichen lieblichen Liedern."* *Kol. 3, 16.*

An euerm freien Sonntagnachmittag vergnügt euch mit Freundinnen. Solange ihr dabei eingedenkt sein könnt, daß der liebe Gott alles weiß und sieht, dürft ihr von ganzem Herzen „fröhlich sein mit den Fröhlichen". Aber da, wo es euch lieber wäre, wenn das ewig liebende, aber gerechte, strenge Vaterauge nicht herabsähe, ach, da kehret um! Denn wenn es auch anfangs nur „ein ganz klein bißchen" unrecht scheint, was ihr tut, so führt das bald weiter zum Schlimmen und macht euch schließlich recht unglücklich. In manchen Städten haben liebevolle Damen, die dem „Verein der Freundinnen junger Mädchen" angehören, einen „Sonntagnachmittag", an dem brave Mädchen sich bei ihnen versammeln dürfen. Wenn ihr an solchen Orten seid, ist es für euch ein großes Glück, wenn ihr erreicht, hierzu aufgefordert zu werden.

Ein frommes Herz wird auch von selbst die

Bescheidenheit

beherbergen, eingedenk dessen, daß wir alle nur Geschaffene sind und alles, was wir sind und haben, von oben kommt. Diese Bescheidenheit steht zwar allen Menschen an, am meisten aber dem dienenden Stande, denn – –

„Natürlich," höre ich da ein dunkles, trotziges Ding, dem die schlimmste aller Beraterinnen, die Unzufriedenheit, aus den unruhigen Augen schaut, höhnisch murren, „natürlich, ‚dienen' ist ja das Allerniedrigste!"

Dienen, mein liebes Mädchen, wer sagt denn das? Hast du denn die rührenden Worte vergessen?

> *„Denn auch des Menschen Sohn ist nicht kommen, daß er ihm dienen lasse, sondern daß er diene und gebe sein Leben zur Bezahlung für viele."*
>
> *Mark. 10, 45.*

Und weiter:

> *„Ein jeglicher sei gesinnt wie Christus – er erniedrigte sich selbst und ward gehorsam bis zum Tode, ja zum Tod am Kreuze."* *Phil. 2, 8.*

Dienen wir denn nicht alle, der Vornehmste wie der Geringste?

Dient nicht der Offizier seiner Fahne und seinem Könige, der Beamte dem Staate, dient nicht der Vornehmste im ganzen Reiche, der Kaiser, seinem Volke, seiner Krone, dient er nicht vor allem dem Willen des Höchsten, nach dessen ewigen, unerforschlichen, aber unumstößlichen Gesetzen die Menschen sich eben in verschiedene Stände teilen und immer wieder geteilt haben, so oft auch Menschenwille diese Gesetze aufzuheben versuchte. Verschieden, wie die Stellungen der Menschen nach diesen unumstößlichen Gesetzen sind, ist auch das Benehmen, das jedem dem andern gegenüber ziemt. So steht denn dem Stande des Dienstmädchens die Bescheidenheit wohl an. Ein bescheidenes Dienstmädchen aber wird nie geringer, nein, immer nur höher geachtet werden als ein unbescheideneres, nach dem Spruche:

„Wer sich selbst erhöht, der wird erniedrigt werden."

Luk. 14,11.

Leicht fügt sich diesem Gliede eurer Schmuckkette, meine lieben Leserinnen, ein neuer Stein:

Guter Wille

an. Gerade dieser ist euch für jede Stellung gar sehr förderlich. Glaubt es mir nur, ihr lieben Mädchen, die ihr vielleicht mit großem Bangen und Zagen ob eurer Unkenntnis recht schüchtern und verzagt euch in den Dienst begebt, glaubt nur, wenn ihr mit gutem Willen kommt, dürft ihr fröhlichen Mut daraus schöpfen. Denn er wird euch bei allen Hausfrauen sehr gut einführen; bei vielen sogar wird er oft, wenn es nur irgend möglich ist, auch freundlich statt mangelnder Kenntnisse angenommen. Ist er ja doch für alles, was ein Mädchen erst noch in ihrer Stelle zu erlernen hat, der beste Lehrmeister.

Guter Wille ist auch nicht schnell verzagt und gibt nicht alle Zuversicht auf, wenn etwas in einer neuen Stelle es anders ist, als man erwartet hat. Es kann ja manchmal sein, daß die Hausfrau durch körperliches Leiden, durch Familienverhältnisse oder dergleichen schwer zu befriedigen, schwer lieb zu gewinnen ist; es kann sein, daß da und dort nicht gut mit den Kindern, den Hausgenossen oder den übrigen Dienstboten auszukommen ist, kurz, daß manches recht mißlich aussieht. Aber lieber tapfer und geduldig aushalten, als zu viel wechseln, lieber sich durchkämpfen und durch eigne Trefflichkeit und tadelloses Verhalten Widerwärtiges zu besiegen versuchen! Guter Wille überwindet gar vieles! Denn:

„Die auf den Herrn harren, kriegen neue Kraft!"

Wo aber guter Wille ist, da wird auch diese Perle nicht fehlen: nämlich der

Fleiß.

> *„… und ringet danach, daß ihr stille seid und das Euere schaffet und arbeitet mit eueren eigenen Händen, wie wir euch geboten haben."*

Und zwar kein Fleiß, der nur in den ersten Tagen schafft, nach dem Sprichwort: „Neue Besen kehren gut." Auch keiner, der es zwar redlich meint und sozusagen wild darauf los geht, der anfangs mehr verspricht, als er mit bestem Willen halten kann, und darum sehr unklug ist und nur Enttäuschung hervorruft.

Nein, ich meine den rechten, beständigen, täglich gleichen Fleiß, ich meine den echten, weltberühmten deutschen Fleiß, den Fleiß, der die Arbeit liebt. Denn die Arbeit ist ein Segen. –

„Die Arbeit liebt? – Arbeit ein Segen?" höre ich da den verdrossenen Schwarzkopf wiederum höhnen. „Ja, da merkt man, daß eine vornehme Dame das Büchlein geschrieben hat, was weiß die denn von Arbeit?!"

Nun ist es zwar freilich wahr, ich entstamme einem Hause, das man in der Welt „ein vornehmes" heißt. Meine Ahnen haben an einem Hofe gelebt und sind mit ihren Fürsten am Tische gesessen.

Aber sie haben auch ihr Teil Arbeit redlich getan und haben durch Tüchtigkeit ihren Kindern und Kindeskindern Segen erworben. Und meinen Vater, wenn auch sein reich gesegnetes Tagewerk keines der Hände, sondern des Kopfes war, habe ich keine Stunde müßig gesehen, so wenig wie meine Mutter. Wenn diese auch abends in der Atlasschleppe selbst fürstliche Gäste empfing, so war sie doch allzeit diejenige deutsche Hausfrau, von der es heißt:

„Sie regt ohne Ende

Die fleißigen Hände!"

So haben denn auch wir Kinder von klein auf gelernt, daß, wer in der Welt mitleben will, auch sein Teil Arbeit tun muß, sei es nun dieser oder jener Art. Und wenn ich nun dies Büchlein schreiben kann – es ist aber auch eine „Arbeit", glaubt es nur! – so ist's, weil wir gar fleißig studieren mußten, und wenn ich eine gute Hausfrau geworden bin, die euch über alle häuslichen Obliegenheiten beraten kann, so ist's, weil wir selbst da und dort anpacken und alles aus eigner Anschauung kennen lernen mußten.

Was ich aber nicht aus eigner Erfahrung weiß, dafür habe ich mich allerorten umgesehen, und darum glaubt mir nur, meine lieben Mädchen – ich kenne die Welt und kenne die Menschen, kenne Menschenleid und Menschfreud und sage noch einmal: Arbeit ist Segen.

„Arbeit vertreibt die Zeit,
Vertreibet Leid und Traurigkeit;
Arbeit schlägt schlimme Gedanken danieder,
Erhält frisch das Blut und beweglich die Glieder."

Wo aber solch ein echter Fleiß ein Mädchen ziert, da wird auch die Schwesterperle des Fleißes, die

Ordnungsliebe,

nicht fehlen. Haltet sie, meine lieben Leserinnen, recht, recht hoch, sie ist euch gerade in einem feinen Hause ein gar nützlich Ding.

Da kam ich zum Beispiel neulich zur alten Frau Gräfin R., einer sehr guten und nachsichtigen, vortrefflichen Dame. Ich traf sie in größter Aufregung und einer an ihr ungewohnten Erbitterung.

„Ich ärgere mich," klagte sie mir, „noch zu Tode! Da habe ich nun ein neues Zimmermädchen, so ein geschicktes, gescheites, nettes, liebes Ding. Aber sie, Betti, bringt mich um mit ihrer Unordnung. Ich habe ihr heute gekündigt. Glauben Sie, ich brächte sie dazu, jede Sache sogleich wieder an den rechten Platz zu legen? Als ich zum Beispiel heute früh meine Pantoffeln will, hatte sie diese des abends zum Ausbürsten hinausgetragen und ‚in der Eile einstweilen irgendwo hingestellt', und ich mußte barfuß herumstehen. Als sie mir den Frisiermantel bringen sollte, hatte sie an ihm gestern eine abgerissene Spitze entdeckt und ihn in ihren Nähkorb getragen, aber nicht zurückgebracht. Und so geht es fort den ganzen Tag. Ich halte es unmöglich länger aus!“

Also Ordnung, meine lieben Mädchen, Ordnung in allen Dingen!

Wo aber Ordnung und Fleiß zusammenhelfen, da werdet ihr auch Zeit finden, das kleine, gar freundlich blinkende Geschmeide der

Reinlichkeit

allzeit in hellem Glanze zu erhalten. Und zwar meine ich nicht nur die Reinlichkeit euers Anzuges, sondern auch an euerm Körper.

Reinlichkeit des Anzuges und der Person ist eine der ersten Anforderungen in einer besseren Stelle. Ein schmutziges Dienstmädchen ist in einem feinen Hause einfach unmöglich!

Wer aber die Reinlichkeit liebt an seinem Körper, wie sollte der die Reinheit der Seele nicht zuvor lieben, wie sollte der nicht jene Tugenden lieben, die die Seele vor häßlichen Flecken bewahren? Ich meine die reinen, stolzen Edelsteine

Redlichkeit, Wahrhaftigkeit, Treue.

Ah, ja, nun sind meine Leserinnen gekränkt, eine ist sogar tief beleidigt und meint, ich schreibe mein Büchlein doch gewiß nur für anständige, rechtschaffende Mädchen, und bei diesen verstünden sich diese Dinge von selbst.

Nun, da hat meine Beleidigte freilich recht. Im großen und ganzen werden allerdings solche Mädchen nicht gegen diese Tugenden sündigen, wenigstens nicht im gewöhnlichen Sinn. Nein, einem rechtschaffenden Mädchen, und nur an solche richte ich meine Worte, wird es auch im Traume nicht einfallen, zum Beispiel eine ihr von der Herrschaft anvertraute Summe zu unterschlagen. Ob aber dasselbe Mädchen, zum Beispiel bei Einkäufen, darauf bedacht ist, das ihr hierzu anvertraute Geld genau im Sinne und zum Vorteil der Herrschaft auszugeben, ob es wirklich streng gewissenhaft darauf bedacht ist, daß Dinge, die ihr zur Behandlung, Verwahrung und so weiter anvertraut sind, wie Wäsche, Pelze, Möbel und ähnliches, nicht durch Nachlässigkeit Schaden nehmen, ist leider, leider eine andre Frage. Ebenfalls nicht zweifellos ist es, ob es die Arbeitszeit, für die es eben Lohn und das übrige annimmt, auch immer redlich ausfüllt, einerlei ob gesehen oder ungesehen. Und glaubet nicht, weil es sich nur um kleine Dinge handelt, es sei nichts Schlimmes; o nein! Christus sagt:

„Wer im geringsten treu ist, der ist auch im großen treu; und wer im geringsten unrecht ist, der ist auch im großen unrecht."

Luk. 16,10.

Nicht weniger leichtfertig denken manche leider über das Naschen, sei es von Vorräten oder von Ueberresten. Und doch macht gerade dies – handelt es sich um die kleinste Kleinigkeit – auf wirklich feine und sonst vielleicht noch so nachsichtige Hausfrauen einen verletzenden, häßlichen Eindruck. Sie sehen eben darinnen ein Antasten von Anvertrautem und wissen nun nicht mehr, wo sie mit Mißtrauen anfangen und aufhören sollen.

Ebenso peinlich, oft schmerzlich berührt fühlen sie sich durch die Lüge. Sie verzeihen leichter eine Ungeschicklichkeit, ja selbst einen wirklichen Schaden, sofern das Mißgeschick mit echtem Bedauern ehrlich eingestanden wird. Und selbst wenn eure Herrschaft strenger gesinnt sein sollte und ihr demnach einer heftigen Schelten oder selbst eines Lohnabzuges gewärtig sein müßt, selbst dann fasset lieber den Mut, alles zu gestehen, als daß ihr euch hinter das Häßlichste, was die Welt hat, hinter die Lüge verschanzt. Ihr werdet dann wenigstens das schönste und beste Band eures Dienstverhältnisses, die Achtung eurer Herrschaft, nicht zerstören.

„Was nützte es dem Menschen, so er die ganze Welt gewönne

und nähme doch Schaden an seiner Seele?"

Matth. 16, 26.

Wo aber Wahrhaftigkeit ist, da werden von selbst Falschheiten und Heimlichkeiten hinter dem Rücken der Herrschaft nicht bestehen. Immer sind solche häßlich und eines guten Dienstmädchens unwürdig, seien sie nun mit andern Dienstboten oder Fremden (Schneiderin und dergleichen) angesponnen. Am verdammungswürdigsten aber sind sie, wenn ihr sie für die Kinder des Hauses, etwa die Tochter, besorgt. Wenn euch nicht eure eigne redliche Gesinnung davon abhält und ihr euch nicht vor der Verantwortung fürchtet, die ihr damit auf euch nehmt, so laßt euch doch von der klugen Erfahrung sagen, daß derlei heimliche Geschichten schließlich immer zu eurem Schaden ausgehen.

Seid eben auch darin, meine lieben Leserinnen, redlich und wahrhaftig, auf daß ihr jederzeit mit klarem, offenem Blicke eurer Hausfrau ins Auge schauen könnt. Und selbst wenn es euch recht schwer ankommt, ein begangenes Unrecht zu bekennen und ihr Schweres damit auf euch nehmt, bekennt es doch, denn nichts ist schwerer zu tragen als ein böses Gewissen und denket:

> *„Wer seine Missetat leugnet, dem wird nicht gelingen; wer sie aber bekennet und läßt, der wird Barmherzigkeit erlangen."*
>
> *Sprüche 28, 13.*

Bei solcher Gesinnung werdet ihr auch niemals die schönste aller Dienstmädchentugenden, die schönste aller Tugenden: die Treue, verletzen. Ich meine damit nicht etwa nur die Treue in Bezug auf Geld und Gut, die Treue in Erfüllung aller eurer einmal übernommenen Pflichten, wofür ihr euern Lohn annehmt. Ich mein vor allem jene Treue – Gesinnungstreue, Liebestreue möchte ich sie eigentlich heißen – , die immer der Urgrund sein sollte, darauf ein gegenseitiges Pflichtverhältnis sich baut: treu stehe der Mann zu seinem Weibe, der Soldat zu seiner Fahne, der Beamte zu seinem Amt, das Dienstmädchen zu seiner Herrschaft.

Die Treue hebt jedes Verhältnis, wenn es auch nur auf „Bezahlen und Bezahltwerden" beruht, zu etwas Besserem empor, sie adelt auch das Dienstverhältnis und macht es zu einem Bunde, den auch Tugend und Neigung, nicht nur das Geld, zusammenhalten. Eine treue Dienerin fühlt Ehre, Leid und Freud' ihrer Herrschaft als eigne und rechnet bei zufälligen größeren Arbeiten oder in mißlichen Tagen nicht, „was sie zu tun verpflichtet ist oder nicht".

Im großen und ganzen glaubt wohl jede meiner Leserinnen, in der Treue ganz wacker zu bestehen. Wenn ihr aber mit der lieben Nachbarin von drüben, mit der Köchin von oben und dem Bedienten von unten beisammensteht und über eure Herrschaft schwatzt und klagt, glaubt ihr, daß ihr da Treue haltet? Oder wenn ihr da und dort, sei es auch nur aus Klatschsucht und ohne bös meinende Absicht, über Verhältnisse und Angelegenheiten eurer Herrschaft allerlei ausschwatzt, was ihr nur in eurer Eigenschaft als Hausgenosse gesehen und erfahren habt, glaubt ihr, daß ihr da die Treue haltet?

Nein, das tut ihr nicht! Solche Untreue aber ist ein häßlich Ding, häßlich wie das feige, erschrockene Zusammenfahren tuschelnder Dienerschaft, wenn die Herrschaft überraschend dazu kommt. Es gibt viele Hausfrauen, die ihren Mädchen manchen andern Fehler eher verzeihen als diesen. Vergesset niemals, meine lieben Leserinnen, daß nach einem alten Spruch „die Ehre des Herrn auch die des Dieners ist".

Wenn aber ihr Treue haltet, so wird auch euch die Herrschaft gerne die schuldige Treue halten und, in Fragen des körperlichen und seelischen Wohles sich sorgend, in echter Christenliebe eurer annehmen.

Aber wer fragt denn noch heutzutage danach unter dem Gesinde, worunter die meisten nichts anders mehr im Auge haben als den möglichst hohen Lohn und Genuß!

Unsre Großmütter freilich, die wußten noch gar schöne Dinge über Dienertreue zu erzählen. Ich selbst erinnere mich, in Frau v. F.s Hause einer solchen treuen alten Dienerin, die wir jungen Mädchen oft in ihrem sonnigen Stübchen aufsuchten, wo sie Tag für Tag in blütenweißer Haube und Schürze am Fenster saß und strickte. Ueber ein halbes Jahrhundert hatte sie dem Hause mit seltener Treue und Tüchtigkeit gedient, nun durfte sie hier ausruhend eines schönen Lebensabends sich freuen, herzlich geachtet und geliebt von allen Familienmitgliedern.

„Ach," murrt da wiederum unser trotziger Schwarzkopf dazwischen, „ach, was sind das für lange Reden über Liebe und Treue! Lauter Schnickschnack! Ich tue meine Arbeit und bekomme dafür meinen Lohn – das ist die ganze Geschichte. ‚Für Tagesarbeit Tageslohn!'"

Aber ihr irrt, meine lieben Leserinnen, jede Stelle, aber besonders eine gute, bedeutet weit, weit mehr für euch als Tagesarbeit und Tageslohn, und es ist wohl der Mühe wert, darüber nachzudenken und sich dafür zu plagen. Ihr habt da weit mehr als Tageslohn. Ihr habt da ein gutes Haus, dem ihr zugehört, ihr habt einen festen Halt, ihr habt eine Heimat, ihr habt euer sicheres tägliches Brot und habt es ohne die Sorgen der Hausfrau, ohne die Verantwortung des Hausherrn. Ihr habt auch außerdem noch eine Menge Vorteile, die euch das Leben in einem feinen Hause für euch und eure Bildung gewährt. Schließlich aber, und dies ist gewiß nicht das letzte, wird sich ein gutes Dienstmädchen in den meisten Fällen an ihrer Herrin eine Stütze, eine freundliche, treue und besorgte Ratgeberin in ihren großen und kleinen Angelegenheiten, ihren Freuden und ihren Leiden erwerben.

Solche Stellen zu finden, ist freilich ein besonderes Glück. Auf daß ihr sie aber mit Berechtigung anstreben könnt, sie gehörig ausfüllen und erhalten, dazu will euch dies Büchlein mithelfen. Lest es nur recht, recht aufmerksam durch und schlagt fleißig darinnen nach. Und glaubt mir nur, auch unser trotziger Schwarzkopf soll es versuchen – daß ich, aus reicher Erfahrung sprechend, es bei allem, was ich euch sage, seien es nun Lehren oder Ratschläge oder Warnungen, es immer recht, recht von Herzen gut mit euch meine.

So wollen wir denn wiederum zum Packen eures Koffers zurückkehren und wollen, nachdem wir das Schmuckkästchen versorgt haben, auch die weitere Ausstattung betrachten und demnach übergehen zum

Anzug

Dieser soll Stand und Verhältnissen angemessen und darum gut, aber einfach sein. Es gibt keine feine Herrschaft, die nicht ein gut, aber einfach gekleidetes Mädchen einem aufgeputzten, mit allerlei Modekram und Firlefanz behangenen vorzieht, wenn sie auch manchmal zu gütig oder zu bequem ist, es euch ausdrücklich zu sagen. Eure

Kleider

sollen gediegen im Stoff, einfach im Schnitt, bescheiden in der Farbe sein, aber nicht bäuerlich oder durch altfränkische Art lächerlich.

Von derselben Art soll euer Sonntagsstaat sein. Ich will damit jedoch nicht sagen, daß ein Dienstmädchen nicht auch Freude an einem hübschen Kleide haben und Bedacht nehmen dürfe auf das, was ihm steht oder nicht. O nein, der Anzug soll nur immer, auch des Sonntags, zu Stand und Verhältnissen stimmen und soll vor allem nicht auffallend und herausfordernd sein. Abgesehen davon, daß großer, Gefallsucht und Eitelkeit verratender Putz wenig empfiehlt, so möchte ich euch noch aus andern Gründen davor warnen – ganz besonders die Dienstmädchen in großen Städten. Dort gibt es leider gar viele liederliche Mädchen, denen es recht darum zu tun ist, schon durch den Anzug ins Auge zu fallen. Da kann es denn auch einem rechtlichen, aber unerfahrenen Mädchen um ihres unvernünftigen Anzugs willen begegnen unter diese Zahl gerechnet zu werden.

So war ich zum Beispiel gestern bei einer Bekannten, eben als sich dieser ein neues Mädchen zur etwaigen Annahme vorstellte. Dasselbe trug einen großkarierten schwarzroten Rock, eine hellrote mit heller Seide verzierte Bluse und einen großen weißen Strohhut mit Feder. Frau v. Sch. warf nur einen Blick auf das Mädchen. „Mein Himmel," flüsterte sie mir zu, „die sieht ja geradezu ‚bedenklich' aus," und wollte das Mädchen verabschieden. Inzwischen hatte ich die Zeugnisse durchgesehen und war überrascht, darinnen das Mädchen als ein ganz vortreffliches gerühmt zu sehen.

Auf mein Befragen stellte sich heraus, das Lina, so hieß das Mädchen, vom Lande kam und sich, als sie in die Stadt wollte, von einer hiesigen Freundin beraten ließ. Diese war vollständig unkundig, was sich für ein feines Haus schickte, und hatte ihr „klugerweise“ diesen Staat zusammengesucht, „damit man doch gleich sehe,“ meinte sie, „Lina sei nicht etwa armer Leute Kind und wisse, wenn auch vom Lande, doch mit der Mode zu gehen.“

Also, meine lieben Leserinnen, denkt auch schon beim Verdingen daran, in eurem Anzuge recht sauber und selbst schmuck und fein, aber einfach zu sein. Meidet allezeit großen Putz. Ihr erspart dadurch viele Pfennige, die euch für eure alten Tage oder für einen eignen Hausstand recht gut tun werden.

Freilich dürft ihr auch nicht umgekehrt zu sparsam sein. Eine Herrschaft, die ihre Leute gut bezahlt, wünscht auch, daß sie immer gut angezogen seien, besonders wenn sie in ihrem Auftrage ausgehen. Alte, verwaschene und verflickte Kleider braucht ihr deswegen nicht gering zu achten. Diese könnt ihr, soferne sie ordentlich zusammengehalten sind, an großen Wasch- und Räumtagen, vielleicht auch zu den Arbeiten der ersten Frühstunden gar austragen und dadurch eure guten Kleider schonen.

Sehr trägt auch zur Erhaltung der guten Kleider bei, daß sie immer die richtige, fußfreie (aber nicht kürzer!) Länge haben und daß ihr keinen schmutzigen Saum, keine abgestoßene Litze, keine kleinen Risse duldet.

Eine besondere Aufmerksamkeit schenkt ein ordentliches Dienstmädchen ihren

Schürzen.

Ihre Ausstattung soll davon zweierlei aufweisen: dunkle Arbeitsschürzen und weiße. Ich rate zu weißen, festen, gediegenen, die auch mit fester Spitze verziert sein können. Diese sind für jede Stelle brauchbar. Im übrigen werde ich noch bei den einzelnen Abschnitten darauf zurückkommen.

Auch in der

Leibwäsche

seid gut versorgt. Tüchtige, einfache Hemden, einfach gediegene Taschentücher, feste Strümpfe, nicht das nichtsnutzige gewebte Zeug, das gleich zerreißt und so windig aussieht. Gerade in den besten Häusern sehen die Damen bei sich selbst vor allem auf Gediegenheit im ganzen Anzuge und lieben diese deshalb auch an ihren Dienstmädchen.

In gleicher Weise sei das

Schuhwerk

beschaffen. Hier mache ich besonders auf etwas aufmerksam, was in einem guten Hause unerläßlich ist: leises Schuhwerk. Es liegt nicht in jedes Mädchens Vermögen, sich einen leichten Gang anzugewöhnen, aber für möglichst geräuschloses, am besten fast absatzloses Schuhwerk kann es sorgen. Eine trappende, knarrzende Bedienung kann ein ganzes Hauswesen unfein und unruhig erscheinen lassen, kann das feinste Mahl ernstlich stören.

Nur traget niemals Schlappen. Nur keine Pantoffeln, die zerrissene Fersen sehen lassen, nur keine heruntergetretenen Schuhe! Das ist einfach in einem feinen Hause unmöglich!

Hat nun ein Mädchen, also angetan und ausgestattet in Schmuck und Kleidung, eine gute, feine Stelle bekommen, so liegt es meist an ihm selbst, sich diese auch zu erhalten.

Es wird ihm niemals zu schwer werden, wenn es wirklich von den schönen Tugenden unsers Schmuckkästchens beseelt ist und in diesem Sinne schon

die erste Morgenstunde

verbringt. Euer Wecker, oder, wenn ihr keinen solchen habt, euer innerer, einem jeden Menschen angeborener Wecker: das Pflichtgefühl hat euch die euch bestimmte Stunde des

Aufstehens

verkündet. Versäumt sie ja nicht, meine lieben Leserinnen, ich kenne Damen, die nichts übler aufnehmen als gerade diese Versäumnis, die sie euch mit Recht als große Unzuverlässigkeit anrechnen. Um dies zu vermeiden, müßt ihr, wenn es von euch abhängt, eben rechtzeitig zu Bette gehen und eure Handarbeit, falls ihr solche abends vornehmt, zeitig abbrechen oder ganz lassen. Das lange Aufsitzen ist ohnedies eurer Gesundheit und den Augen schädlich, wenn ihr dies auch nicht gleich in jungen Jahren bemerkt. Lasset euch lieber, wenn die freien Sonntags- und Abendstunden oder hin und wieder ein freier Flicknachmittag nicht reichen, eure Sachen von einer anderen Person (Flickerin und so weiter) zurichten. Die kleine Ausgabe kommt euch an der Gesundheit wieder herein, und ihr seid dann doch fähig, euern Pflichten getreu, zur bestimmten Stunde mit erneuter Arbeitskraft frisch die Augen aufzuschlagen. Dann steht die Frömmigkeit mit tröstlich-lieblichem Gruße an eurem Pfühle, und ihr beginnt euren Tag „mit Gott“. Durch ein Gebet tritt eure neuerwachte Seele wieder in Gemeinschaft mit dem Inbegriff alles Guten: mit Gott. Dann geht es wohlgemut heraus, und die einzelnen Bettstücke werden zum Lüften – am besten ans Fenster – herausgelegt. Schon steht die Reinlichkeit winkend

am Waschtisch,

und flugs wird der Schlaf mit frischem Wasser aus den Augen gewaschen. Aber bei den Augen bleibt es doch nicht, nicht wahr? – wenn auch der trotzige Schwarzkopf murrt, daß es oft gar nicht lustig sei, sich in kaltem Raume mit kaltem Wasser zu waschen. Ei, was hat sie denn wieder, die kleine Widerhaarige! Eilten denn nicht Prinzen und Prinzessinnen und Fürstinnen herbei, um bei Pfarrer Kneipp den ganzen Tag mit kaltem Wasser zu plantschen! Also nur tüchtig drauf los gewaschen! Ich will gewiß nicht verlangen, daß ihr euch alle Tage Zeit nehmt, den ganzen Körper zu waschen, aber einmal in der Woche sollte es bestimmt geschehen, am besten Samtagsabends vor dem Niederlegen. (Wer kaltes Wasser durchaus nicht verträgt, kann sich etwas warmes bereit halten.) Noch besser, freilich, ist es, wenn ihr von eurer Herrschaft die Erlaubnis bekommt, öfters ein Bad zu besuchen.

Solche segensreiche, auch der Gesundheit höchst förderliche „Wasserfreuden“ lasset aber auch an warmen Tagen eurem Haare zu teil werden. Ich weiß wohl, das Haarwaschen kostet Zeit, und das Trocknen hält schwer. Am besten geschieht auch dies vor dem Niederlegen. Die durchgekämmten Haare werden nach dem Waschen (mit warmen Wasser) für die Nacht in ein Tuch gebunden. Eine gute Haarpflege erhält euch auch, meine lieben Mädchen, die lieblichste Zierde – schöne Haare – die euch die gütige Natur verliehen hat und die manche Nachlässigen schon nach der ersten Jugend verlieren.

Das Haar soll täglich bis auf den Haarboden mit weitem einmal die Woche mit eingem Kamme gestrählt werden. Mit Wasser streiche man es nie. Es wird dadurch häßlich und spröde. Dem suchen dann viele dadurch abzuhelfen, daß sie das Haar fürchterlich einfetten. Meist sind aber die Dinge, die sie dazu benutzen, schon anfangs nicht gut und erinnern, wenn sie erst einige Zeit standen, gar zu lebhaft an das Kindersprüchlein:

Altes Oel wird dick und ranzig,
Ist für die Gesundheit schädlich
Und als Wohlgeruch nicht rätlich.

O, dieser Wohlgeruch! Wenn manche meiner lieben Leserinnen wüßte, wie sehr sich feine Hausfrauen über solch fetten Haargeruch entsetzen! Wenn ihr, auch ohne je Wasser zu benutzen, Einfettungen nötig zu haben glaubt, so nehmt – aber recht selten – nur ein Tröpfchen Nuß- oder Zitronenöl, das ihr immer nur in ganz kleinen Teilen kauft.

Die Haartracht selbst soll sauber, sorgfältig und einfach sein, aber nicht in einem alles Haar zusammendrehenden Zöpfchen, wie es die Landmädchen haben, bestehen; solches sieht in der Stadt leicht lächerlich aus. Wenn ihr auch darauf sehen dürft, daß eure Haartracht euch nett zu Gesichte steht, so laßt doch glänzende Zierkämme, die nicht zu euerm ganzen Leben taugen, weg. Ein feines Dienstmädchen hält ihre Person stets bescheiden zurück und meidet auch ungehörige Haartracht. Wenn es auch manche Hausfrau hingehen läßt, weil sie ungern dergleichen rügt, so wird sie und auch die andern Menschen es euch nicht zum Vorteil anrechnen, sondern nur Gefallsucht darinnen sehen.

Nach dem Haaremachen wascht ihr euch selbstverständlich nochmals die Hände. In Bezug auf Reinlichkeit soll die Hand jedes Dienstmädchens immer gepflegt sein, wenn auch die Art eurer Arbeit keine andere Rücksicht zuläßt. (Siehe Seite 51.) Zu dieser Reinlichkeit gehört auch die richtige Behandlung kleiner Wunden, die oft, abgesehen von der Schädlichkeit für euch selbst, recht abscheulich werden können und zwar meist nur durch hineingekommene Unreinigkeiten. Derlei kleine Verwundungen haltet sofort unter laufendes Wasser und verbindet sie dann mit einem reinen Leinwandläppchen. Solche und Vaselin haltet stets im Waschtisch bereit. Sollen ernstere Verwundungen mit Karbolwasser ausgewaschen werden, so ist solches nur – und zwar in der richtigen Mischung – aus der Apotheke zu holen. Zu scharfes Karbol ist sehr gefährlich. Auf Brandwunden legt man in ungesalzenes Salatöl oder Brennöl getauchte Watte und bindet diese, damit die schmerzverursachende Luft abgeschlossen sei, fest. Vaselin heilt, wenn es über Nacht aufgestrichen und die Hand dann zugebunden oder in alte Handschuhe gesteckt wird, rasch und leicht, besonders die durch Soda oder dergleichen entstandenen Risse.

Nach dem zweiten Händewaschen bekommen die Zähne ihr Teil Reinlichkeit. Auf eurem Waschtischen fehlt doch Zahnbürstchen und Zahnpulver nicht? Ei, der Schwarzkopf murmelt etwas von „unmöglichen Ausgaben“! Nichts da! Ein Zahnbürstchen um zwanzig Pfennig reicht euch lange, und für zehn Pfennig Schlemmkreide (sehr gut und in jeder Drogenhandlung zu haben) noch länger. Das könnt ihr für die Zahnpflege schon aufwenden, die ja das beste Mittel zur Verhütung von Zahnschmerz und Erhaltung eurer zweiten natürlichen, immer sehr empfehlenden Zierde ist. Tüchtiges Zahnputzen, besonders vor dem Niederlegen, verhindert vor allem durch die Beseitigung der Speisereste das An- und Weiterfaulen der Zähne.

Und nun, da der Waschtisch abgetan, werdet ihr euer

Stübchen ordnen und reinigen.

Nur in den äußersten Notfällen, nicht wahr, meine lieben Mädchen, verlaßt ihr es ungeräumt?

Dann geht es an das

Anziehen.

Das Bettjäckchen wird abgelegt, denn euch, meinen lieben Leserinnen, fällt es gewiß nicht ein, in demselben Jäckchen, darin ihr euch die Haare machtet, an die Arbeit, am Ende gar zum Kaffeekochen zu gehen! Solch ein Bettkittel am hellen Tage ist ein gräßliches Ding, ein Gespenst der Schlamperei! Zieht doch, ich bitte euch, schon früh morgens, wenn ihr aus eurem Zimmer kommt, ein festes, starkes Miederleibchen an. Es braucht durchaus kein Korsett zu sein, solches könnt ihr etwa zum Servieren oder zu Ausgängen benutzen. Für die erste Frühzeit, wo die Herrschaft noch nicht sichtbar ist, mögt ihr auch, ja nach euern Verrichtungen, die alten, aber gut gehaltenen, bequemen Kleider anziehen, die wir Seite 19 besprachen, und diese erst später mit besseren vertauschen. Auch alte, gut gehaltene, natürlich leise Schuhe, könnt ihr dabei abtragen.

Dann begibt sich unser Mustermädchen an die Erfüllung seiner Obliegenheiten. Die ganze Art und Weise, wie sie dieselben ausführt und sich dabei beträgt, wollen wir mit dem inhaltsschweren Worte bezeichnen. Jetzt, meine lieben Mädchen, heißt es nicht mehr bloß „ohne Falsch wie die Tauben", sondern auch „klug wie die Schlangen" zu sein. Denn die Anforderungen, die in dieser Beziehung in einem feinen Hause gestellt werden, sind sehr weitgehend und manchem unerfahrenen Mädchen ganz unbekannt. Doch ihr bringt ja euer Kleinod „Guter Wille" mit, und so werdet ihr mit klugem, aufmerksamem Sinn eurer Herrschaft gewiß niemals Geschichten zu erleben geben, wie ich sie jüngst mit durchmachte. Ich war bei der neuverheirateten, blutjungen Frau Amtsrichter M. zu Besuch, zugleich mit einem Fräulein von Z., einer sehr verwöhnten und spottsüchtigen Dame. Ziemlich übernächtig begab ich mich nach der ersten Nacht ins Frühstückszimmer, denn das Dienstmädchen Resi hatte mich durch unausgesetztes, polterndes Räumen im Nebenzimmer vom ersten Tagesgrauen an wach erhalten.

Als ich eintrat, fand ich Frau M. und Fräulein Z. bereits am Tische sitzend. Frau M. klingelte nach dem Frühstück. Mit einem Seufzer tat sie es, denn sie fürchtete sich, wie sie gestand, geradezu darauf, was ihr der heutige Tag durch Resi, die sie auf eine irrtümliche Empfehlung hin in Dienst genommen hatte, wieder Schreckliches zu erleben geben werde. Richtig, nachdem Frau M. dreimal und das letzte Mal schon ganz aufgeregt, sehr heftig und andauernd geklingelt hatte, streckte endlich Resi den Kopf durch die Türe herein und rief mit schallender Stimme: „Wöllt S' ebba ebbes?" Frau M. zitterte bereits nervös und befahl den Kaffee. Resis Kopf verschwand, donnernd schmetterte hinter ihr die Türe zu. Ueber dem Schloß erschienen die riesigen, schmierigen Fingerspuren Resis. Nach einiger Zeit erschien diese wieder, die Frühstücksplatte tragend. Einen Schwarzbrotlaib, der täglich zur Butter auf den Tisch kam, hatte sie fest unter ihren Arm gezwängt. Eine triefende Fegschürze, in der sie, mit ihrem wirklich ausgezeichneten Fleiße schon in aller Frühe die Küche und Vorplatz zu fegen für gut gefunden hatte, hatte sie noch vorgebunden. Der Rock war nach Bauernart (für Feldarbeit ist's ja ganz am Platze) hoch aufgeschlagen und ließ den rotwollenen, glücklicherweise sehr sauberen Unterrock, die roten Strümpfe und genagelten Schuhe ungehindert bewundern. Da sie diesmal die Hände nicht frei hatte, so warf sie mit einem kühnen Schuß ihres linken „Füßchens“ die Türe mit donnerndem Krachen ins Schloß. Entsetzt und fast weinend sank Frau M. in den Sessel zurück. Resi stellte, ohne die Frühstücksdecke überzubreiten, die Platte auf den Tisch und tupfte dann mit ihren nur ganz oberflächlich abgetrockneten Händen meiner zarten, zitternden Freundin im lichtblauen Morgenrock zutraulich und nachdrücklich auf die Schulter und schrie: „Frau, wöllt S’ ebba a Semmeln?“

Da Frau M. vollständig sprachlos war und Fräulein von Z. vor Lachen nicht sprechen konnte, bejahte ich die schüchterne Frage, und Resi entschwebte wieder, zum drittenmal die Türe hinter sich zuschmetternd. Als sie wieder erschien, trug sie drei Semmeln in den Händen und legte sie, leider etwas unheimlich seifig angefeuchtet, vor unsere Tassen. Dann blieb sie mit wohlmeinender Miene am Tische stehen und fuhr sich nur schnell noch mit dem Aermel über die Nase, vermutlich, um einem dringenden Bedürfnisse abzuhelfen, wofür andre Leute Taschentücher benutzen. Ich hatte inzwischen, um meine arme Freundin zu zerstreuen, ein Gespräch über das gegenwärtig schlechte Wetter begonnen, und diese hatte wirklich für einen Augenblick ihren Kummer vergessen, als plötzlich Resi uns in das Wort fiel und ausrief: „Ja, säll muß wahr sei, a Sauwetter is!“

Nun hielt es Frau M. nicht mehr aus. Mit verzweiflungsvollem Stöhnen wankte sie zur Tür. In diesem Augenblicke wurde die Hausglocke gezogen, und Resi drängte eilig hinaus, der Frau M. rasch und entschieden vorantretend. Ergeben wankte diese hinter ihr drein. Aber sie sollte ihren Qualen noch nicht entrinnen. Frohgemut kehrte Resi zurück, schob Frau M. freundlich ins Zimmer zurück und rief: „’s san Brief kimma, allerhand, warten S’ noch a wenig!“ Sie studierte nun langsam und gemütlich die Adressen und Postzeichen und drückte mir endlich einen Brief, der durch ihre Fingerchen leider gleich den Semmeln etwas seifig angefeuchtet war, in die Hand. Stolz auf ihre Lesekünste rief sie: „Der wird für Sie sein, Frau, denk’ allweil, der is von Ihr’m Ma’ wird wohl Zeitlang ham?“ In der Erwartung, daß ich ihr den genauen Inhalt mitteilen werde, blieb sie hinter mir stehen.

Doch genug von den herrlichen Leistungen Resis!

Meine klugen und aufmerksamen Leserinnen wissen nach diesem abschreckenden Beispiel genau zu sagen, wie das Benehmen eines feinen Dienstmädchens nicht sein soll. Wir wollen aber trotzdem nochmals alle Fehler durchgehen, um miteinander genau zu besprechen, wie das Benehmen in einem guten Hause sein soll.

Beginnen wir nochmal bei Resis Leistungen in den Morgenstunden und dem völligen Mangel an

Ruhe,

den sie hierbei zeigte. Polterndes, rumpelndes Arbeiten ist immer ein Zeichen schlechter Gewöhnung. Ein feines Dienstmädchen sucht alle ihre Arbeit möglichst geräuschlos zu verrichten, besonders in den Morgenstunden, wo die Herrschaft noch schläft.

Es bemüht sich, diese Ruhe auch im ganzen Wesen und Gebaren zu zeigen und meidet vor allem jedes laute, schallende Lachen und Schreien, sei es nun in der Küche mit andern Dienstboten, dem Bäcker und so weiter, oder sei es vor der Haustüre, auf der Treppe. Ganz besonders entsetzen sich hierüber die Dienstherren, die meist mit geistigen Arbeiten beschäftigt sind. Sie finden derlei aufdringlichen Lärm meist geradezu „roh und gemein“.

Suchet, meine Mädchen, aber auch dann Ruhe zu bewahren, wenn sich in einzelnen Fällen die Ansprüche an eure Kräfte stark steigern, wenn zum Beispiel Gäste da sind und so weiter. Sagt euch nur immer in Gedanken: Nur ruhig! Ihr werdet mit Ruhe weiter kommen als mit aufgeregtem Hetzen und Hinundherstürzen, das der Hausfrau höchst peinlich und den Gästen höchst lächerlich ist.

Ruhe! meine lieben Leserinnen, Ruhe und Stille in jeder Beziehung, wie sie vor allem in den vornehmsten Hauswesen unsrer Staatsordnung, an den Höfen, herrscht. Könnte ich euch nur schnell einmal da hinein lauschen lassen! In den entfernt liegenden Räumen, Küche und so weiter, kann es ja manchmal laut zugehen, in der Nähe der höchsten Herrschaften aber geschieht alles immer mit wunderbarer, wohltuender Stille, vom stummen, geräuschlosen Servieren des Frühstücks bis zum lautlosen Hineinleuchten in die Schlafgemächer auf leisen, unhörbaren Sohlen.

Wenn euch, meine lieben Leserinnen, nur ein Hauch von dem hier herrschenden, stillen, höflich vornehmen Geiste beseelen möchte! Ihr würdet dann rasch

Unfeine und feine Gewohnheiten

unterscheiden lernen. Ich erinnere vor allem an die Ungeheuerlichkeiten Resis, sich mit dem Aermel über die Nase zu fahren, die Türe zuzuschlagen und nun gar mit dem Fuße! – statt sie leise zu schließen, die Türe oberhalb des Schlosses anzufassen, statt an dem Drücker, das Brot unter dem Arme zu bringen, statt auf einem Teller.

All dies und Aehnliches sind Gewohnheiten, wie sie auf dem Lande oder in kleinen vielbeschäftigten Arbeiterfamilien natürlich oder doch wenigstens begreiflich und entschuldbar sind. Ein kluges Mädchen sagt sich aber selbst, daß sie nicht auf Parkettböden, zu Spiegelscheiben und lackierten Türen, zum Spitzenkleid der Hausfrau oder der blinkenden Uniform des Herrn passen.

Alle die übrigen Verstöße, die von Resi und auch von andern unerfahrenen Mädchen begangen werden, wird ein feines, kluges Mädchen leicht vermeiden, wenn es jederzeit der bescheidenen Zurückhaltung eingedenk ist, die wir Seite 12 besprochen haben. Artige Rücksicht und stete Aufmerksamkeit werden auch dazu beitragen.

Und wenn unser trotziger Schwarzkopf etwa wiederum sich mißmutig auflehnen sollte, ei, so beobachtet doch einmal, wie streng gerade in den höheren und höchsten Ständen die Herrschaften untereinander, ja ihrem Range nach, die Forderungen der Höflichkeit und Bescheidenheit beachten!

Einem feinen Mädchen fällt niemals ein, vor ihrer Herrschaft zur Türe hinauszugehen; es wird rasch sich bücken, wenn diese oder deren Gäste etwas fallen ließen, wird rasch herbeieilen, wenn es sie sich um irgend etwas bemühen sieht. Mit seinen Diensten, wofür es angestellt ist, wird es stets bei der Hand sein, aber mit seiner Person wird es nie hervortreten der gar sich hervordrängen. Es wird sich niemals unaufgefordert in das Gespräch mischen, ja sich auch nicht einmal mit einem beifälligen Lachen beteiligen.

Es wird es nie machen wie Resi, und einlaufende Briefe und so weiter von allen Seiten beschnuppern und Bemerkungen darüber machen. Es wird nichts tun, als die Adresse lesen, um sie der betreffenden Persönlichkeit übergeben zu können, wenn es nicht etwa im Hause eingeführt ist, daß alle einlaufenden Briefe der Hausfrau übergeben werden. Es wird auch den Herrschaften nicht zumuten, diese Briefe oder andre zum Gebrauche gehörige Dinge, vor allem nichts Eß- oder Trinkbares unmittelbar aus den Händen – wer weiß denn, ob sie tadellos sauber! – anzunehmen, sondern es wird sich für den Vorplatz ein Tellerchen – am besten ein japanisches oder von Majolika – geben lassen, um derlei Dinge, auch Visitenkarten, annehmen und anbieten zu können.

Ferner wird ein feines Mädchen streng alle Vertraulichkeiten meiden!

Denkt daran, wie wir uns vor dem Anstoßen und Antupfen Resis entsetzten! Jede Art der Berührung hat streng zu unterbleiben.

Einem feinen Mädchen wird es nicht einfallen, sich neben der Herrschaft zum Fenster hinauszulehnen; es wird, wenn es eine von seinen Damen oder eine von deren Bekannten zu begleiten hat – in das Theater oder sonstwie –, immer ein paar Schritte hinterdrein gehen. Viele Damen rufen zwar freundlich, wenn sie allein sind, ihr Dienstmädchen an ihre linke Seite und plaudern wohl, besonders wenn ihnen dasselbe ein treuer, langjähriger Hausgenosse ist, auch unterwegs mit ihm, sobald aber die Dame mit andern Bekannten geht, soll das Mädchen wieder bescheiden zurücktreten und ihrer Herrin doch ja die Verlegenheit ersparen, ihr treues, aber unkluges Dienstmädchen zurückweisen zu müssen oder selbst als des Schicklichen unkundig zu gelten.

Wohl verzichten freundliche Damen manchmal für ihre Person oder innerhalb der Familie auf alle die Rücksichten, die wir eben in Bezug auf Briefe, auf Anbieten, sich ins Gespräch mischen und so weiter, besprachen. Aber sie wünschen nicht, daß derlei feine Gewohnheiten vor Fremden und für Fremde (Besuche und so weiter) außer acht gelassen werden. Vergesset dies ja nie, meine lieben Mädchen, und macht euren gütigen Herrinnen gerade vor Fremden Freude durch euer feines Benehmen!

Ganz wesentlich trägt zu dem mehr oder weniger guten Eindruck, den ihr machen werdet, eure

Sprechweise

bei. Leset darüber alles genau nach, was ich später im zweiten Teile S. 66 darüber sage. Dem füge ich hier noch zu, daß außer dem „laut" Lesen auch das Lesen guter, euch von eurer Herrschaft geliehener oder empfohlener Bücher euch überhaupt in dieser Richtung sehr fördern wird, abgesehen von der schönen Ausfüllung, die ihr dadurch euern Erholungsstunden geben werdet.

Seid ihr einmal darauf bedacht, richtig und anständig zu sprechen, so werdet ihr auch rasch mit der richtigen Form aller

Anrede

zurechtkommen. Als erste Regel sei euch gesagt, daß es für ganz unschicklich gilt, die Herrschaft mit „Sie" anzureden. Das feine Dienstmädchen gebraucht immer die dritte Person; auch nicht wie Resi sagte: „Woll'n S'ebba ebbes?", sondern: „Was befehlen gnädige Frau?" oder „Soll ich Frau Professor den Mantel bringen?"

In jedem Fall muß der Titel oder Name immer dazu gesetzt werden, auch bei allen Antworten, zum Beispiel: „Ja, Frau Doktor." „Ich weiß nicht, Herr Baron."

Die Titel- oder Namensanrede ist natürlich sehr verschieden, sowohl für die Hausfrau als für die übrigen Familienglieder. Meistens wird sie euch wohl von der Herrschaft selbst angegeben. Im allgemeinen gilt als Regel, daß man nicht nur adelige Frauen und Fräulein, bei den es sich in jedem Falle gehört, „gnädige Frau" und „gnädiges Fräulein" anspricht, sondern diese Anrede auch für die Damen in jedem wirklich feinen Hause gebraucht. Kommt also Besuch zu eurer Herrschaft, von dem ihr die richtige Anrede nicht kennt, so gebraucht ihr jedenfalls diese Anreden. Für die Hausherren adeliger Häuser wird auch „gnädiger Herr" gebraucht, außerdem ist der Titel, also zum Beispiel „Herr Oberst" gebräuchlicher.

Sprecht ihr von jemand, sei es nun von eurer eignen Herrschaft oder vor fremden Herrschaften, müßt ihr auch recht achtsam sein.

Ich führe nachfolgend alle gebräuchlichen Anreden von adeligen Familien an, sofern diese nicht auch mit dem Titel, zum Beispiel: Herr Doktor, Frau Doktor, Fräulein Anna – oder gnädige Frau und gnädiges Fräulein angesprochen werden.

Anreden (auch schriftlich)

Graf

Herr:	Frau:	Tochter:
		Söhne bekommen die Anrede des Vaters.
Herr Graf.	Frau Gräfin.	Gräfin oder Comtesse (sprich Conteß). Manchmal auch Gnädige Gräfin.

Baron

Herr:	Frau:	Tochter:
Herr Baron.	Frau Baronin.	Baronin oder Baronesse (sprich Baroneß). oder Gnädiges Fräulein.

Herr von

Herr:	Frau:	Tochter:
Herr von oder Gnädiger Herr.	Gnädige Frau	Gnädiges Fräulein.

Je nachdem wird bei der Tochter der Vorname beigefügt.

Excellenz und Eminenz

Herr:	Frau:	Tochter
Excellenz oder Eminenz.	Excellenz	Die Kinder nehmen an diesem Titel nicht teil.

Diese Anreden sind auch streng zu beachten, wenn ein Dienstmädchen von seiner oder von andrer Herrschaft spricht.

Adresse

Graf

Herr:	Frau:	Tochter:
Seiner Hochgeboren Herrn Grafen X.	Ihrer Hochgeboren Frau Gräfin X.	Ihrer Hochgeboren Gräfin Anna X.

Baron

Herr:	Frau:	Tochter:
Seiner Hochwohlgeboren	Ihrer Hochwohlgeboren	Ihrer Hochwohlgeboren
Herrn Baron X.	Frau Baronin X.	Baronin Bertha X.
oder	oder	oder
Seiner Hochwohlgeboren Freiherrn von X.	Ihrer Hochwohlgeboren Freifrau von X.	Ihrer Hochwohlgeboren Freifräulein von X.

Herr von

Herr:	Frau:	Tochter:
Seiner Hochwohlgeboren Herrn von X.	Ihrer Hochwohlgeboren Frau von X.	Ihrer Hochwohlgeboren Fräulein von X.

Bei dem Herrn ist stets nach diesem Titel der Stand beizufügen, also zum Beispiel: Seiner Hochwohlgeboren Herrn Major, Baron von X.

Zweiter Teil

Besonderes

Alles, was wir bisher besprochen haben, einzuhalten, liegt ganz allein im guten Willen eines Mädchens; wie wichtig dieser ist, haben wir schon anfangs gesehen. Auf guten Willen gestützt, wird auch ein unerfahrenes Dienstmädchen, das noch nie in einem feinen Hause war, bald im stande sein, eine Stelle in einem solchen Hause anzunehmen und sich mit Recht all der Vorteile erfreuen, die eine solche Stelle im Vergleich zu andern Stellen gewährt. Damit das Dienstmädchen sich eine solche Stelle auch erhalte, muß sie sich alles Folgende gut einprägen und in diesem Büchlein fleißig nachlesen.

In größeren oder reicheren Haushalten sind die Arbeiten und Pflichten häufig auf ein Haus- und auf ein Zimmermädchen verteilt; in kleineren Haushalten aber wo keine Kinder sind, werden diese Dienste jedoch auch in feinen Häusern nur von einem Mädchen verrichtet. Es ist demnach unnötig, die Pflichten des Haus- und des Zimmermädchens getrennt zu betrachten, ich fasse sie also unter den Vorschriften zusammen für:

Das einzige Mädchen [1])

Eine der ersten Aufgaben, die dem Mädchen am Morgen obliegen, ist das

Zimmerreinigen.

Welche Perle aus eurem Schmuckkästchen hierbei ganz besonders notwendig ist, wißt ihr ja auch. Darum werdet ihr es ganz natürlich finden, daß man sich die Hände wäscht, bevor man beim Aufbetten die Bettstücke in die Hand nimmt und daß man eine reine weiße Schürze vorbindet, da man beim Bettenmachen nicht verhüten kann, die Betten an sich zu reiben. Diese Schürze, die ganz grobfadig und nur gemangelt

[1]) Das sich gewöhnlich mit dem Ausdruck „Das alleinige Mädchen“ verdingt.

sein kann, hat einen breiten Latz, der mit einem Band nur über den Kopf gestürzt wird. (Diese Art der Befestigung bemerke ich deshalb eigens, weil sie erstens die vorgesteckten Nadeln, die niemals rätlich sind, und zweitens Zeit spart. „Ei, ei," lacht da unser Schwarzkopf, „was da an Zeit gespart werde?!" – Jede, auch die kleinste Zeitersparnis, macht im Laufe des Tages viel aus.)

Nachdem die vorher gut gelüfteten Betten wieder zurecht gemacht sind, wird die Bettschürze sogleich wieder abgelegt und ja nicht zum Aufwischen anbehalten. Daß man die Matratzen und Bettstücke auf zusammengeschobene Stühle und so weiter legt, und nicht auf den Zimmerboden, wie es zum Beispiel unsre schauderhafte Resi tat, brauche ich gar nicht anzuführen, nicht wahr?

Beim Aufwaschen von Waschgeschirren (am besten mit warmem Wasser und Seife) muß man recht Obacht geben, daß auch an den äußeren Rändern der Lavoirs (sprich Lawoar) und in den Henkelecken der Krüge kein Schmutz bleibe. Die Seifenschale wird jeden Tag ausgetrocknet.

Beim Aufwischen des Bodens ist besonders darauf zu achten, daß sorgfältig der ungesunde Staub unter den Betten und Schränken entfernt werde; auch ist das Abwischen der Fensterbretter nicht zu vergessen.

Dann muß darauf gesehen werden, daß alle Ecken und Winkel rein gemacht werden; es ist ein schlechtes Zeichen für die Reinlichkeit eines Mädchens, wenn Staubflocken aufwirbeln, wenn zum Beispiel ein für gewöhnlich feststehender Lehnsessel plötzlich weggerückt wird.

Ebenso muß das Mädchen darauf achten, daß sie niemals den Besen an die Tapete lehne, und daß die Lehne der Stühle, die an der Wand stehen, diese nicht berühren; all das gibt mit der Zeit häßliche Flecken an der Tapete. Unser Schwarzkopf lacht natürlich schon wieder über solche Kleinigkeiten, und doch sind es gerade solche, aber sorgfältig beobachtete Dinge, welche euch „zum feinen Mädchen" stempeln.

Teppiche, die nicht zum Fenster hinausgeschüttelt werden können und nur bei der „gründlichen Zimmerreinigung" im Hofe geklopft werden,

werden mit einem eigenen Teppichbesen abgekehrt; besser und die Teppiche weniger angreifend ist, sie mit angefeuchteten Theeblättern zu reinigen. Zu diesem Zwecke sammelt man die Theeblätter, die in der Theekanne zurückbleiben, feuchtet sie stark an, streut sie auf dem Teppich aus und kehrt sie dann wieder zusammen; sie nehmen allen Staub mit. Am schönsten werden Teppiche, wenn man sie auf eine Schneefläche legt und auf der Rückseite klopft, alsdann mit Schnee bestreut und diesen wegkehrt.

Noch ist zu bemerken, daß der Staubbesen, mit dem Möbel und Vorhänge der Wohnzimmer täglich abgekehrt werden, besonders bei hellen Stoffen stets ganz rein sein muß. Das Mädchen verlange für ganz helle Möbel einen eignen, stets nur diese verwendeten Besen oder Wedel und reinige diesen häufig in Seifenwasser. Dem Wasser zum Spülen sei etwas Gummi beigesetzt.

Ebenso gehört zur täglichen Zimmerreinigung während der Sommermonate das aufmerksame Suchen nach Motten, deren Einnisten in Zimmern, in denen Wollstoffe verwendet sind, nur durch tägliches Klopfen der betreffenden Stücke zu verhindern ist. Zu diesem täglichen Klopfen brauchen, da es nur leicht ausgeführt wird, die Möbel nicht stets aus dem Zimmer geschafft zu werden. Durch das Klopfen fallen aus den Stoffen und Möbeln die Eier der Motten und schon entwickelte Räupchen, die sich von der Wolle nähren. Diese müssen dann sorgfältig, am besten mit feuchtem Tuche, weggewischt werden. Selbstverständlich müssen auffliegende Motten erhascht werden, was, da sie als Nachtschmetterlinge stets dunkeln Stellen zuflattern und selbst hellglänzend sind, nicht schwer ist. Würdet ihr, liebe Mädchen, in der Hauptbrutzeit, Mitte Mai bis Ende Juli, nicht recht gewissenhaft dieser Pflicht nachkommen, so würden sich diese, nur von Wollfasern lebenden Fliegen in wenigen Wochen so stark einnisten, daß die ganze Möbelgarnitur, besonders in wenig bewohnten Räumen, durchlöchert würde.

Zuletzt nimmt man in jedem Zimmer das Staubwischen vor. Dieses muß sehr gründlich geschehen, da sonst bald ein häßliches Vergrauen der Möbel eintritt. Das weiche, trockene Staubtuch wird, nachdem der erste Staub abgewischt ist, fest aufgedrückt auf Platten, Füßen und Seitenwänden der Möbel. Geschnitzte Verzierungen werden mit kleinen Besen abgekehrt. Gegenstände, die auf den Tischen liegen, dürfen nicht beim Wischen weggeschoben, sondern müssen aufgehoben werden. Ganz besonders hat das Mädchen im Zimmer des Hausherrn darauf zu achten, daß alle Gegenstände, wenn sie ihr auch noch so unbedeutend erscheinen, ganz besonders Papiere, genau wieder auf ihren Platz zu liegen kommen. Hat man täglich ein solches sorgfältiges, dem ganzen Zimmer ein schmuckes Aussehen verleihendes Staubwischen beobachtet, so schadet es nicht, wenn dazwischen an Tagen, wo die Zeit drängt, nur die Platten flüchtig abgewischt werden.

Wann und wie oft das gründliche Reinigen oder Stöbern der Zimmer vorgenommen werden soll, wird wohl in den meisten Hauswesen von der Hausfrau angegeben. Es ist wohl kaum nötig, zu erwähnen, daß hierbei, nachdem die Polstermöbel aus dem Zimmer zum gründlichen Klopfen hinausgetragen wurden, die Wände und alles im Zimmer Befindliche sorgfältig abgekehrt, die Fenster gewaschen und mit Leder oder Zeitungspapier trocken gerieben werden. Sind Fensterrahmen und Türen mit weißem Oelfarbanstrich versehen, so kann man, wenn sie stark schmutzig sind, in das warme Seifenwasser zwei bis drei Eßlöffel Terpentinöl geben;[1] sie werden dadurch, mit der Oelfarbbürste behandelt, sehr rein. Farbig gestrichene Türen dürfen nur mit warmem Seifenlappen behandelt, lackierte Türen nur mit trockenem, weichem Tuche abgerieben werden, und solche, welche mit Wachsfarbe und Goldlinien gestrichen sind, dürfen ebensowenig gewaschen werden. Daß ihr also bei solchen Türen ganz besonders darauf achten müßt, sie nicht, wie die tappige Resi tat, beim Zumachen anderswo als an der Türschnalle zu berühren, ist klar.

Ist der Boden farbig gestrichen, so wird er mit der feinen Bürste und Seifenwasser gereinigt; mit Leinöl gestrichene Böden werden jährlich einmal mit gekochtem Leinöl eingerieben.

---

[1]) *Wenn hierdurch allmählich der Glanz verloren gegangen ist, läßt sich dieser durch ein leichtes Ueberstreichen mit dünnflüssigem Bernsteinlack wieder herstellen.*

Terrazzo auf Gängen darf nicht täglich gestruppt – nur sehr selten – sondern nur mit Seifenwasser gewischt und etwa alle vier Wochen mit ungekochtem Leinöl und zwischendurch mit Bodenwichse eingerieben werden. Gewischter Parkettboden wird folgendermaßen behandelt: Er wird mit „mittelfeinen Stahlspänen", die man in der Eisenhandlung kauft, abgerieben, bis er rein ist, und dann wird die Wichse mittels eines Pinsels oder Läppchens sehr dünn aufgetragen. Soll diese Wichse, die man in den Droguengeschäften kaufen kann, im Hause zubereitet werden, so benutze man folgendes Rezept: 1 Pfund Wachs (weißes oder gelbes) wird mit 1 Liter Regenwasser 1 Stunde gekocht; dann um 5 Pfennig Pottasche daran gerührt und noch ¼ Stunde gekocht. Nach dem Erkalten rührt man (am besten kurz vor dem Streichen) ¼ Liter Spiritus und noch etwas Wasser daran. Will man einen Farbton, der stärker als das gelbe Wachs ist, so mischt man etwas Ocker (gibt gelb) oder Terra di Siena (braun) bei. Die Wichse muß weich wie Sommerbutter sein; man stelle deshalb an kühlen Tagen den Wichstopf während des Streichens in eine Schüssel mit warmen Wasser. Nach etwa zwölfstündigem Trocknen wird der Boden mit der eignen Wichsbürste, „Bleischrubber", glänzend gebürstet[1)] und danach mit einem reinen weichen Tuche, das unter den Schrupper gelegt wird, und das man zwischendurch ausstäubt, abgerieben. Da jeder Wassertropfen auf diesem Wachsboden Flecken macht, so kann der Staub auf ihm bei der täglichen Zimmerreinigung nur sorgfältig und langsam hinausgekehrt und nur unter den Möbeln mit feuchtem Wischtuche entfernt werden. Sodann wird bei der täglichen Reinigung der Boden gebürstet, und werden etwaige Flecken und dunkle Stellen sogleich mittels etwas daraufgeschütteten Terpentins, das man rasch mit einer Handvoll Werg oder Sägemehl verreibt, weggeputzt. Auf diese Weise, mit Terpentin, kann auch leicht der ganze Boden (wenn er nicht stark schmutzig ist) statt mit Stahlspänen gereinigt werden. Bei sehr schmutzigem Parkett streicht man gelbe Schmierseife – immer nur eine kleine Stelle – auf und reibt diese mit den Stahlspänen.

[1)] *Bei neuen Boden genügt meist einmaliges Streichen nicht; diese müssen nach dem ersten Bürsten nochmals dünn mit Wachs bestrichen und gebürstet werden.*

Oelbilder und Goldrahmen dürft ihr nur mit dem feinen Staubbesen abstäuben, Spiegel mit etwas Spiritus und Rehleder oder alten Tüchern oder Fließpapier reinigen.

Figuren aus Stearinmasse [2]) werden mit Seifenwasser gewaschen, Figuren aus Gips [2]) streicht man mit einem dicken Brei an, der aus Stärke gekocht wird. Andern Tags ist er trocken und wird dann vorsichtig mit den Fingern abgebröckelt; er nimmt allen Schmutz mit.

Viel mehr Neues als beim Reinmachen wird das vom Lande kommende Mädchen jedoch bei den Punkten, die wir nun behandeln, zu lernen haben.

Das Tischdecken.

Hierzu müßt ihr neben der Perle, die wir vorhin schon euerm Schatzkästlein entnahmen, noch ein Edelsteinchen herausholen, das euch die Anerkennung eurer Herrschaft, besonders auch des Hausherrn, der gewöhnlich in diesem Punkte leicht ärgerlich wird, erträgt. Es ist die Pünktlichkeit und Ordnungsliebe. Denn ihr könnt euch wohl denken, daß nichts so sehr das gemütliche Tischgespräch stört, auf das sich besonders der Hausherr freut, wenn er, müde von seiner Berufsarbeit, heimgekehrt ist, als wenn alle Augenblicke wegen des vergessenen Salzfasses oder Brotmessers geklingelt oder hinaus und herein gelaufen werden muß.

So überlegt also, wenn ihr mit dem Decken fertig seid, ob alles das, was die Hausfrau wünscht, daß der tägliche Tisch oder der für Gäste aufweise, auch da sei, ob das Tischtuch gerade und jede Serviette (sprich Serwiette) im Ring auf dem richtigen Teller liege und die Tischglocke, die euch ruft, um abzuräumen, zu Handen der Hausfrau sei. Wenn ihr deckt, so habet stets ein weißes Tuch auf dem Arme liegen, um etwaige Flecken an Gläsern und Tellern wegzuwischen. Daraus schon geht hervor, daß ihr niemals ein Glas oder eine Tasse innen anfassen könnt, und

---

[2]) *Ihr mußt fragen, welcher Gattung sie angehören.*

daß ganz besonders die Ecken der Tassenhenkel einer genauen Beobachtung bedürfen. Denkt nur, wie ihr euch schämen würdet, wenn euch die Hausfrau bei Anwesenheit eines Gastes, etwa wegen solcher Unsauberkeit, eine Tasse oder ein Glas zurückgeben müßte!

Rechts vom Teller liegt, von dem Besteckträger gestützt, das Besteck und zwar gerade, nicht, wie es auf dem Lande Sitte ist, kreuzweise. Wird auch ein Nachtischlöffel und Kompottlöffel aufgedeckt, so werden diese beiden oben quer vor den Eßteller gelegt. Besondere Gabel zu Fisch oder Austern wird links vom Teller ohne Besteckträger gelegt, die Serviette und das Brötchen auf den Teller, ebenso, wenn Gäste geladen sind, die Tischkarte (auch Menu, sprich Menüh, genannt). Oder es wird diese, wenn auch noch eine Blume auf der Serviette liegt, auf das vor dem Teller stehende Weinglas gelegt. Der Kompottteller steht rechts von dem Eßteller.

Im allgemeinen Salzfaß, daß nie bis zum Ueberlaufen voll sein darf, liegt ein Salzlöffelchen, auf dem Käse- und Butterteller je ein eignes Messer.

Sind Gäste da, so schmückt die Mitte der mit ganz weißem Damast gedeckten und allenfalls mit einem zum Porzellan passenden Tischläufer gezierten Tafel ein ganz oder wenigstens in seinem oberen Teil mit Blumen, in seinem unteren mit feinem Konfekt gefüllten Tafelaufsatz. Gewährt die Tafel noch Platz, so stehen die übrigen Konfekt- und Kompottschalen ebenfalls darauf und werden, wenn ihre Reihe kommt, von der Bedienung herausgehoben. Ebenso stehen eine oder zwei Wasser- oder Syphonflaschen auf dem Tisch und einige Salzgefäße. Auf jeder Schüssel liegt ein Löffel, auf der mit Salat ein Besteck aus Bein; in der Kompottschale ein eigner breiter Kompottlöffel zum Herausnehmen; auf jeder Fleischplatte eine Serviergabel mit nur zwei Zinken; diese kann nötigenfalls durch eine gewöhnliche Speisegabel ersetzt werden. Auf den Spargeln liegt ein Spargelheber, auf der langen Fischplatte ein Fischbesteck.

Bei solch festlichen Gelegenheiten bildet es den reizendsten Tischschmuck, wenn die ganze freie Mitte der Tafel nur mit einem hübschen Aufsatze und den nötigsten Wein- und Wasserflaschen bestellt und außerdem vollständig mit blühenden Blumen bestreut ist. Oder es stehen drei Aufsätze auf der Tafel, und es schlingen sich von einem Aufsatz zum andern Blumengewinde.

Habt ihr einen Thee- oder Kaffeetisch zu decken, für den statt des Tischtuches eine weiße Decke mit bunten Streifen oder Stickerei genommen wird, so werden die kleinen Theeservietten unter den Desserteller, der auf jedem Platze aufgedeckt wird, gelegt. Auf diesen Teller wird die Untertasse und der Löffel gelegt, oder auch kann der Teller leer bleiben, und die vollgeschenkte Tasse wird mit Untertasse und dem in der Untertasse liegenden Löffel zugleich angeboten.

Wird bei einer Gesellschaft Torte oder Obst gegeben, so wird das Messerchen ohne Besteckträger rechts vom Teller gelegt. In der Mitte des Tisches stehen das Backwerk, die Zuckerdose und Rahmkanne. Auf dem Theetisch steht außerdem noch ein halb oder dreiviertel gefülltes Glasfläschchen mit Arrak oder Rum.

Der Rahm muß zum Thee kalt sein und, falls nicht ungekochter verwendet werden soll, sorgfältig geseiht werden, damit auch nicht das kleinste Teilchen Haut darinnen bleibe.

Ueber Theebereitung und Theebrötchen siehe unter Köchin-Anweisungen.

Bei allen größeren Kaffee- oder Theegesellschaften wird der Kaffee oder Thee am Nebentische zubereitet oder doch in die Tassen gefüllt; bei dem täglichen Nachmittagskaffee oder Thee oder bei einem einfachen „Kränzchen“ wird meistens Kaffee oder Thee am Tische, von der Hausfrau oder der Haustochter gemacht, eingeschenkt und jedem über den Tisch gereicht. Ihr stellt alsdann auf ein Servierbrett, das ihr, wenn es nicht mehr neu aussieht, mit einer kleinen weißen oder bestickten Decke belegt, die gefüllte Kaffeemaschine (seht auch nach, ob genügend Spiritus eingefüllt ist), Feuerzeug, Zuckerdose, Rahmkanne mit warmem Rahm, dann die Tassen und Löffel.

Dieses Brett stellt ihr auf den Tisch vor die Hausfrau.

Wird Thee getrunken, so steht außer der Theemaschine, den Tassen, Rahmkanne und Zuckerdose noch auf dem Brette: die Theebüchse, das Arrakfläschchen, ein Kännchen mit heißem Wasser, die Theekanne, in die ihr, um sie zu erwärmen, etwas heißes Wasser gegossen habt, das die Hausfrau, bevor sie die Theeblätter hineinwirft, in die Schwenkschale weggießt, und die Schwenkschale. Dies ist eine kleine, zu dem Service (sprich Serwis) passende runde Schüssel; in sie wird das bißchen Wasser weggeschüttet, das man in jede Theetasse zum Ausschwenken gießt, wenn man die Tasse zum zweitenmal füllen will.

Das Anbieten oder Servieren beim Mittag- und Abendessen.

Wenn ihr gesehen hättet, wie tollpatschig sich hierbei unsere Resi benahm, so daß man auf den ersten Blick sah, daß sie bisher nur den Hühnlein und Küchlein zu servieren gehabt hatte (sprich serwieren), so würdet ihr euch große Mühen geben, diese Sache, auf die in jedem feinen Hause großer Wert gelegt wird, hübsch zu machen.

Es kommt hierbei besonders auf ruhiges, besonnenes Wesen, auf Geschicklichkeit an, und alles muß zierlich und leicht gemacht werden.

Unsere Resi war zwar offenbar andrer Meinung, denn sie tappte mit ihren derben, kreischenden Lederschuhen ganz fidel herum, wie wir ja gesehen haben.

Also muß vor allem diejenige Person, die bei Tische bedient oder, wie man auch sagt, serviert, auf leisen Schuhen gehen und auch alle Verrichtungen möglichst geräuschlos tun.

Auch binde sie zum Auftragen stets eine weiße Schürze oder wenigstens ganz helle Schürze vor, die, wenn Gäste da sind, besonders schmuck sein soll. Was weiter im Anzug zu beobachten ist, wenn Gäste da sind, haben wir schon vorn beim „Anzug“ bemerkt.

Ist im Hause eingeführt, daß das Mädchen die Suppe aus der Schüssel am Nebentische oder Büfett (sprich Büffe) einfüllt, so stellt sie natürlich schon beim Decken alle Suppenteller auf diesen Nebentisch. Sie wartet mit dem Einfüllen, bis alle Personen sitzen, und stellt dann einen nur halb gefüllten Teller von der linken Seite aus vor jede Person.

Ebenso wie sie sich fest einprägen muß, daß alle Speisen an der linken Seite des Nehmenden angeboten[1]) werden, so hat sie auch darauf zu achten, daß sie die Teller und Bestecke von der rechten Seite aus wegnimmt und hinstellt.

Bei all diesem Anbieten, Abräumen und Wegnehmen der gebrauchten Geräte und Geschirre darf, wenigstens wenn Gäste da sind, nie die bloße Hand gesehen werden. Die männlichen Dienstboten tragen deshalb zum Servieren stets weißbaumwollene Handschuhe; hübscher aber für das Mädchen, als dieses nachzuahmen, ist, wenn es so viel Geschicklichkeit hat, daß sie beide Hände, wenn sie irgend eine Platte anbietet, unter einer Serviette hat. Legt sie ein Geräte auf den Tisch, oder nimmt sie einen Teller weg, so hält die linke Hand, ebenfalls unter der Serviette, die Serviette an die rechte Hand gedrückt, während diese die Teller herausnimmt.[2])

Bedient das Mädchen den täglichen Tisch ohne Serviette, so ist ganz besonders darauf zu achten, daß der Daumen nicht in den gefüllten Teller oder die Schüssel komme, was, wie ihr selber einsehen werdet, recht unappetitlich wäre. Wenn ihr eine volle Gemüseschüssel aufzutragen habt, so hebt sie mit beiden Händen auf den Tisch; sollt ihr sie anbieten, so setzt sie lieber auf einen Teller, damit die andre Hand frei bleibe.

Ganz besonders ist beim Abräumen der Teller und Bestecke darauf zu achten, daß ein das Tischgespräch störendes Geklapper vermieden werde; die Bedienung soll sich lieber recht genügend Zeit lassen und besonders, wenn Gäste da sind, jedes Hasten und Hetzen vermeiden, was ganz sicher bei Ungeübten eine lärmende Ungeschicklichkeit zur Folge hat. Viel besser ist es, wenn das Mädchen, das bedient, ruhig und

---

[1]) *Bei welcher Person ihr mit dem Anbieten einer Platte zu beginnen habt, müßt ihr die Hausfrau fragen.*

[2]) *Anmerkung für die Hausfrau. – Aus dem Kapitel: „Die Einladung" in „Die elegante Hausfrau" von Isa von der Lütt.*

langsam sich und ihr Geschirr bewegt und sich Zeit läßt, die Türe langsam und geräuschlos zuzumachen, – wenn es dann auch einige Minuten länger dauert, bis der neue Gang kommt, – als daß das Mädchen zum Beispiel irgend etwas lärmend auf den Boden wirft, wie ich es einmal erlebte, da die ganze Fischplatte auf den Boden fiel.

Einen „Gang“ beim Mittag- oder Abendessen nennt man die Speisen, die zugleich aufgetragen werden; dieser Gang kann aus einer Schüssel bestehen, zum Beispiel Gänseleberpastete, oder aus zwei und mehreren, zum Beispiel Rindfleisch mit Gemüse, oder Fisch mit Sauce (sprich Sohße) und Kartöffelchen. Die Reihenfolge, wie diese Gänge aufgetragen und in welchen Schüsseln angerichtet werden, bestimmt die Köchin oder die Hausfrau selbst schon vor dem Anrichten.

Beim täglichen Tisch wird in den meisten Häusern die Hausfrau durch Klingeln den neuen Gang bestellen; wenn Gäste da sind, muß jedoch das Mädchen selbst diesen Zeitpunkt finden oder ihn durch Augenwink der Hausfrau, aber nicht durch wisperndes Fragen herausfinden.

Jede Speise wird zweimal angeboten, mit Ausnahme von Käse beim Nachtische.

Beim Anbieten hat das Mädchen nichts zu sagen, und nur wenn der Gast im Gespräch mit seinen Nachbarn sie nicht bemerken sollte, sagt es: „Darf ich bitten?“ Daß es sich überhaupt jeder Aeußerung beim Servieren zu enthalten hat, ist selbstverständlich. Sie muß ganz still sein, nicht mitsprechen, nicht lachen, sich gar nicht um die Gespräche der Herrschaft kümmern. Alle Aufmerksamkeit muß auf ihr Geschäft gerichtet sein, alles andre hat sie gar nicht zu beachten. Es ist höchst unschicklich, wenn die Bedienung sich irgendwie am Gespräche zu beteiligen sucht.

Wünscht jemand noch Brot oder ein Glas Wasser, so bietet man solches auf einem Teller an.

Bevor der süße Nachtisch serviert wird, kehrt das Mädchen mit einer Tischbürste die Brotkrumen und dergleichen Ueberreste auf eine elegante Schaufel oder einen Teller. Dies Abkehren braucht nicht etwa so sorgfältig zu geschehen, wie wenn ihr ein Zimmer auskehrt, sondern rasch und ohne die plaudernden Gäste zu stören oder gar anzustoßen!

Daß ihr, liebe Leserinnen, die Gäste beim Anbieten unachtsam anstoßt oder gar absichtlich antippt, fällt euch gewiß gar nicht ein, nicht wahr? So etwas konnte nur die pumsige Resi tun. Ihr wißt, daß, wenn der Gast euch oder die Platte, die ihr anbietet, nicht sieht, man ihn nicht, wie die Bauern es machen, an die Schulter pufft, sondern nur leise sagt: „Darf ich bitten?“ – wie wir oben gesehen haben.

Servieren bei Thee- und Kaffee-Gesellschaft

Hierbei ist, nächst dem Gesagten, noch einiges zu bemerken:

Hat ein Gast die erste Tasse geleert, so nimmt das Mädchen diese, ohne ein Wort zu sagen, weg; sagt hierbei der Gast „danke“, so heißt das, daß er keine weitere Tasse trinken will, und das Mädchen stellt die Tasse auf das Büfett. Sagt der Gast nichts, so gießt das Mädchen ein wenig warmes Wasser in die Tasse, um den Rest darin wegzuspülen, und schüttet dann dieses Wasser in die Schwenkschale. Hierbei darf man aber nicht in die Tasse langen. Dann wird die Tasse wieder gefüllt, aber nicht ganz voll, sondern so, daß bei Kaffee ein daumenbreiter, bei Thee ein kleinfingerbreiter Rand bleiben.

Bei Thee kommt es vor, daß einer oder der andre der Gäste eine dritte Tasse trinkt: ist die zweite Tasse geleert (das Mädchen geht leise herum und sieht nach), so nimmt man die Tasse weg und sagt: „Darf ich nochmals einschenken?“ und macht es dann wie das erste Mal.

Habt ihr Bier oder Wein oder Punsch einzuschenken, so dürft ihr die Gläser nie ganz voll machen.

Schöpft ihr Punsch aus einem Bowlengefäß ein (sprich Bohle), so dürft ihr die Gläser nicht über das Gefäß halten, denn es wäre doch unappetitlich, wenn das, was von dem Schöpflöffel – vielleicht sogar über eure

Hände abtropft, wieder in den allgemeinen Punschtopf käme. Hebt also die Gläser zum Einfüllen über einen nebenstehenden Teller.

Benehmen den Besuchen gegenüber.

Ich habe ein Büchlein geschrieben, das „Die elegante Hausfrau" heißt, und in dem ich im Kapitel „Der Besuch" ein kleines Erlebnis meiner Freunde erzählt habe, als diese bei einer Familie Besuch machten, die auch solch eine unklückselige Art Resi im Dienste hatte. Da heißt es: „Baron und Baronin S. gehen in die Wohnung K.s, die im zweiten Stock eines sehr eleganten Neubaues gelegen ist. Alsbald bemerken sie ein Herauslugen, Wispern, Türengehen – endlich nach dem dritten Klingeln öffnet eine mit einer triefenden Fegschürze behangene, rotglühende Magd und erwidert auf die Frage: „Ist die Frau Doktor zu Hause?" kichernd: „Freilich, freilich, spazieren S' nur 'rein."

Auf das Verlangen: Baron und Baronin S. zu melden, entgegnet sie von neuem kichernd: „O, kommen S' nur in den ‚Salo', ich weiß g'wiß, daß z' Haus ischt."

Stolpernd öffnet sie eine Türe, stürzt aber alsbald zurück, um dem Baron seinen Mantel, den dieser am Vorplatz ablegen will, mit zutunlicher Gewaltsamkeit zu entreißen und im „Salo" auf einen Stuhl niederzulegen.

Ihr könnt Euch wohl denken, wie der Baron und die Baronin lachten, als sie mir dies Geschichtchen erzählten. Damit sie aber euch nicht auslachen, wenn sie einmal bei eurer Herrschaft Besuch machen, sondern gerade umgekehrt mir erzählen, daß sie von einem sehr netten, verständigen und feinen Dienstmädchen in das Zimmer geführt worden seien, schreibe ich euch hier alles auf, was ihr in einem feinen Hause in diesem Falle zu tun habt.

Zu der Zeit, wo Besuche zu eurer Herrschaft kommen können – das ist in Häusern, wo um ein Uhr gespeist wird, von elf bis ein Uhr und nachmittags im Sommer etwas drei bis fünf Uhr, werdet ihr meist so beschäftigt sein, daß eine weiße Schürze nicht tadellos bleiben kann; haltet deshalb eine reine weiße Schürze bereit, die ihr rasch umlegt, wenn es um diese Zeit läutet.

Auf die Frage, ob die Herrin zu Hause sei, antwortet ihr mit einfachem Ja oder Nein; denn auch das oft gehörte „Ich bedaure, nein," ist unpassend, denn von seite des Dienstmädchens ist ein Bedauern, kurz, jegliches Urteilen völlig unstatthaft. Die Dienerin antwortet also einfach ja und geht zur betreffenden Zimmertüre vor, öffnet diese, tritt zurück, sagt: „Bitte" und läßt den Besuch an sich vorüber ins Zimmer treten.

Vorher hat sie dem Besuche auf dem Vorplatze Schirm, Ueberzieher abgenommen; dann schließt sie die Zimmertüre hinter dem Eingetretenen.

Sollte die Hausfrau nicht im Empfangszimmer sich befinden, geht das Mädchen sogleich sie suchen und meldet ihr den Besuch.

Ist das „Melden" im Hause eingeführt, so sagt das Mädchen: „Ja, wen darf ich melden?" oder: „Darf ich um den Namen bitten" – geht dann mit dem erhaltenen Namen oder der Karte (siehe „Allgemeines") zu ihrer Herrin hinein und bringt dem Besucher den Bescheid zurück: „Frau X läßt bitten" oder „Gnädige Frau lassen bitten." Ein andermal soll sie dem Besucher sagen: „Frau X. ist unwohl" oder „Gnädige Frau können keinen Besuch annehmen." Dringt nun der Besucher darauf, vorgelassen zu werden, so fragt sie erst bei ihrer Herrin an und kehrt mit dem erhaltenen Bescheide zurück: „Frau X. läßt bitten" oder „Gnädige Frau bedauern sehr, aber sie darf keinen Besuch empfangen."

Ist das Mädchen sich selbst unklar, ob seine Herrschaft zu Hause ist oder augenblicklich im stande oder in der Stimmung ist, Besuch anzunehmen, so sage es einfach: „Verzeihen Sie, ich will erst nachsehen," und geht und holt Bescheid.

Wird nach dem Befinden der Herrschaft gefragt, so gebe das Mädchen kurze, einfache Antworten, lasse auch das oft gehörte „Ich danke“ oder „Das wird der gnädigen Frau leid tun“ weg, kurz, jede persönliche Aeußerung, wie schon eben bemerkt, und entgegne auf unbescheidene Fragen oder solche, von denen sie nicht weiß, ob ihrer Herrin eine Beantwortung angenehm ist: „Das weiß ich nicht – das kann ich nicht sagen.“

Wird nach dem Herrn gefragt, so bleibt alles Gesagte das Gleiche, nur anstatt „Gnädiger Herr“, falls dies als Anrede für die Dienstboten eingeführt ist, wird zu Freunden der Titel des Hausherrn (zum Beispiel Herr Major) gesagt.

Beim Fortgehen des Besuches soll das Mädchen wieder anwesend sein; dieses muß also selbst acht geben auf das Fortgehen, wenn nicht aus dem Zimmer die Klingel sie davon benachrichtigt. Sie muß alsdann den Schirm zurückgeben, beim Anlegen des Mantels behilflich sein, die Haustüre öffnen, zurücktreten und hinter dem Besuche schließen. Auch sagt sie hierbei nicht wie unsre Resi: „Adje“, sondern leise und nicht schreiend: „Guten Tag.“

Auch hier, wie immer, wenn ihr mit Fremden zusammenkommt, habt ihr vor allem daran zu denken, ein recht ruhiges, gar nicht aufgeregtes Benehmen zu zeigen.

Einladungen austragen und annehmen, Anfragen und Besorgungen

Ist die Einladung, die das Mädchen auszutragen hat, eine schriftliche, so hat sie nur darauf zu achten, daß sie das Briefchen in einem sauberen Zustande abgebe, also daß man nicht zum Beispiel die Spuren von schwitzenden Fingern oder vom Fleisch, das sie daneben in ihrem Handkörbchen liegen hat, sieht; sie wickle das Briefchen in Papier, das sie, bevor sie im fremden Hause läutet, in die Tasche schiebt.

Ist die Herrschaft, die sie laden soll, nicht zu Hause, so sagt sie der ihr den Brief abnehmenden Person: „Bitte, Antwort zu schicken."

Bekommt sie die Antwort sofort, so merke sie diese recht genau. Hat sie zum Beispiel bei einer Theegesellschaft mehrere Antworten, so schreibe sie sich die empfangene Antwort vor der Haustüre auf, denn es ist für die Hausfrau wichtig, die Zahl ihrer Gäste vorher genau zu wissen.

Hat das Mädchen die Einladung mündlich auszurichten, so lautet diese etwa: „Frau Doktor X. (den Titel und Namen oder nur den Namen der Hausfrau) läßt Frau Major Z. für Dienstag Nachmittag halb fünf Uhr zu einer Tasse Thee bitten."

Hat das Mädchen auf eine an ihre Herrschaft ergangen Einladung eine Absage zu überbringen, so sagt sie zum Beispiel: „Frau Doktor X bedauert sehr, die Einladung für Montag nicht annehmen zu können, da sie schon für diesen Tag versagt ist." Oder wenn sie eine Zusage zu überbringen hat: „Frau Doktor X. wird sich Montag Nachmittag erlauben, zu kommen," oder, wenn sie die Antwort zu sehr vornehmen Leuten zu bringen hat: Frau Doktor X. wird sich die Ehre geben, am Montag Nachmittag zu kommen."

Ebenso förmlich hat das feine Dienstmädchen Anfragen, die durch sie von ihrer Herrschaft an deren Bekannte gerichtet werden, auszurichten. Also zum Beispiel: „Eine Empfehlung von Herrn und Frau Professor Z, und sie lassen fragen, wie sich Frau von N. befinden."

Feine Dienstmädchen sind zu derlei Gängen immer besonders sorgfältig und nett gekleidet, ohne etwas Auffallendes oder für ihren Stand Unpassendes anzuziehen. Zimmermädchen tragen hierzu häufig zur Winterjacke oder dem Regenmantel einen einfachen Hut und Handschuhe.

Die Jungfer

Will ein Mädchen eine Stelle als solche bekleiden, so muß es all das, was wir im vorigen Abschnitt besprochen haben, in recht feiner, niedlicher Weise auszuführen versuchen und noch das Frisieren und etwas Kleidermachen erlernt haben. (Etwas Weißnähen jedoch verlangt man schon von einem besseren Zimmermädchen.)

Um beides so viel als nötig zu erlernen, muß sie einige Wochen auf eine bis zwei Stunden im Tage in ein Friseurgeschäft und während einiger Monate den ganzen Tag über in ein Kleidergeschäft gehen. Diese Ausgaben werden sich reichlich lohnen, da tüchtige, gewandte Jungfern sehr gute Stellen bekommen können.

An den Anzug der Jungfer werden größere Anforderungen gestellt, besonders im Hause, da ihre Dienstleistung sie meist in die Nähe der Herrin bringt. Es gibt Damen, die deshalb bei der Jungfer, die ihnen das Haar macht und beim Anziehen stets behilflich ist, auch auf deren Hände acht geben. Hat das Mädchen rote, leicht aufspringende Hände, so kann sie dem abhelfen wenn sie möglichst vermeidet, in kaltes und heißes Wasser zu langen. Beim Handwaschen in lauem Wasser verreibe sie etwas Boraxpulver und Mandelkleie in den Händen, und nachts bestreiche sie die aufgesprungenen Hände mit Glyzerin oder Vaselin, binde leinene Lappen darüber oder ziehe alte Handschuhe an.

Der Jungfer liegt auch noch das vollständige Inordnunghalten der Kleidung ihrer Herrin ob. Sie muß also stets von selbst nachsehen, ob an diesem Kleide die Litze erneuert werden muß, an jenem die weißen Spitzen am Kragen, am Morgenhäubchen die Schleifen und so weiter.

Wenn ihre Dame sich anzieht, muß sie alles hierzu bereit halten, ebenso wenn diese von Gesellschaft heimkehrt, sie erwarten und ihr beim Auskleiden behilflich sein.

Eine feine Jungfer wird aber streben, noch mehr als diese in jedem feinen Hause verlangten Dienstleistungen zu erfüllen. Sie wird vor allem die Eigenheiten (und vornehme Damen haben oft solche) ihrer Dame kennen zu lernen und sich ihr, indem sie diesen nachkommt, besonders lieb und wert machen.

Dann wird sie stets ein aufmerksames Auge auf das neu Ausgelegte in den Schaufenstern an Hüten, Kleidern und Ausputzstoffen haben, es vielleicht mit einer im Hause gehaltenen Modezeitung und diesem und jenem Anzugsstück ihrer Herrin vergleichen. Sie wird dann bei Nachdenken und Probieren bald im stande sein, dies und das an der Garderobe ihrer Herrin neumodisch zu ändern oder dieser darüber Vorschläge zu machen. All das wird die Dame, die hierzu häufig keine Zeit oder Lust hat, freuen und die Stellung der Jungfer zu einer sehr angenehmen machen.

Auch vom „gut Stehen" kann die Jungfer zur Bedienung beim Anzug etwas verstehen, wenn sie sich merkt, daß dieses darauf beruht, daß man das Kleidungsstück und die Haartracht der betreffenden Person anpassen muß, oder daß man solche Stücke wählt, die zu der betreffenden Persönlichkeit passen. Also muß sie zum Beispiel einer Dame, die sehr mager ist, die Taillen faltig garnieren, einer Dame, die ein gelbliche Hautfarbe hat, von einem lila Kleide abraten, weil das noch gelber erscheinen läßt, und ihr umgekehrt zu einem pfauenblauen mit viel weißen Spitzen am Halse raten, da blaugrüne Farbe das gelbliche Gesicht rosiger erscheinen läßt.

Dann soll sie sich merken, daß dunkle Farben, besonders schwarz, schlankes Aussehen geben, helle aber, besonders weiße, stark, das heißt dick machen.

Ebenso lassen längsgestreifte Stoffe schlank erscheinen, quergestreifte oder großkarrierte aber stark.

Mehr würde hier zu weit führen, auch habe ich all das näher in meinem Büchlein „Die elegante Hausfrau" im Abschnitt „Der Anzug" besprochen.

Die Köchin

In manchen Haushalten, besonders da, wo häufig Tischgäste geladen sind, wird ein eignes Mädchen für die Zubereitung der Speisen gehalten. Dies ist sodann eine sogenannte „gelernte“ Köchin, das heißt, diese muß vollständig mit der feinen Kochkunst vertraut sein; sie muß selbständig auch große Mahlzeiten zusammenstellen können und das feine Anrichten und Tranchieren (sprich Transchieren) verstehen.

Diese Kenntnisse sind nicht in einem Büchlein zu lehren, sondern müssen durch eigne Uebung und Erfahrung erlernt werden. Auch ein Kochbuch lehrt nicht die Kochkunst, sondern unterstützt nur deren Ausübung. (Zum Nachschlagen sollte jedes in der Küche bedienstete Mädchen ein Kochbuch besitzen.) Ich kann daher denjenigen lieben Leserinnen, die Freude am Kochen und Anlagen hierzu haben, nur raten, in einer ganz großen Herrschaftsküche, in einem guten Gasthofe oder – was für später am meisten empfiehlt – in einer Hofküche zu lernen. Hierzu ist aber lange Zeit nötig, eigentlich ein ganzes Jahr, um mit den verschiedenen Gerichten, die für je eine der vier Jahreszeiten gehören, bekannt zu werden.

Wenn ich mich also nun auch über die Kochkunst selbst nicht weiter auslassen kann, so bleiben mir hier doch einige allgemeine Bemerkungen über Aeußerlichkeiten, die sowohl der gelernten Köchin in einem feinen Hause, als dem sogenannten einzigen Mädchen, das auch die Küche zu verstehen hat, nützlich sind.

Die Reinlichkeit

Sie ist das erste Schmuckstück der Köchin; sie wünscht und gibt den „guten Appetit“ zu den Speisen. Der Appetit, das wißt ihr ja alle, läuft aber mit Riesenschritten davon, wenn Unreinlichkeit am Herde sich eingenistet hat. Bei einer guten Köchin muß jeder Gast, oder vielmehr jeder Esser, stets in die Küche kommen können, ohne bei der Bereitung der Speisen das Geringste zu sehen, was den Appetit zum Davonlaufen antreiben könnte. Gelt, wir verstehen uns schon?! Auch müssen Rahmen und Geschirr blitzblank sein. Damit auch während des Kochens kein Sodom und Gomorrha entstehe, gewöhne man sich, jeden gebrauchten Gegenstand, wenn es die Zeit irgend erlaubt, sogleich wieder zu reinigen und an seinen Platz zu bringen.

Hütet euch, meine lieben Kochkünstlerinnen, vor allen üblen unappetitlichen Angewohnheiten, die man sich allerdings „in der Eile" leicht aneignen kann. Zum Beispiel ist eine recht häßliche solche: Messer und Teller rasch an der Schürze abzuwischen. Haltet euch eben allzeit genug Abwischtücher bereit; und auch diese seien stets recht sauber. Die kleine Arbeit, diese öfter zu waschen, scheut ihr doch nicht?

Auch mit den Kochlöffeln geht fein säuberlich um. Es ist abscheulich, diese während des Kochens zum Beispiel im Suppentopfe stecken zu lassen oder sie irgendwo herumzulegen. Zur Verhütung solcher garstiger Dinge steht in meiner Küche während des Kochens seitwärts am Herde ein Topf Wasser, in den die Kochlöffel nach jedem Umrühren gesteckt werden.

Macht es auch, meine lieben Köchinnen, euch zum Grundsatz, so wenig als möglich eure Hände mit „im Spiel zu haben". Gabel und Schäufelchen zum Umwenden und Anrichten müssen stets bereit liegen. Im übrigen haltet eure Hände recht, recht sauber und wascht sie vor Verrichtungen, wie zum Beispiel das Teigkneten ist, noch ganz besonders.

Noch sei ein Mittel angegeben, um rohes Fleisch, das zum Beispiel im Sommer einen Tag zu lang im Keller gestanden hat und einen üblen, faulenden Geruch anzunehmen beginnt, wieder frisch und geruchlos zu machen. Man gibt ein ganz kleines Messerspitzchen übermangansaures Kali (aus der Apotheke) in eine Schüssel frisches Wasser und wäscht in diesem nun roten Wasser das Fleisch gehörig ab und spült es in reinem Wasser nach.

Hat trotzdem die Fleischbrühe oder Sauce noch einen kleinen unangenehmen Beigeschmack, so legt man in dieselbe während des Kochens ein reines Stückchen Holzkohle, das den Geruch aufnimmt. Auch hält sich jede Fleischbrühe, die man mit etwas Holzkohle kocht und aufbewahrt, bedeutend länger frisch.

Ebenso dürfte euch geschickten Köchinnen vielleicht nicht allen bekannt sein, daß sich Butter viel längere Zeit frisch erhält, wenn sie stets zugedeckt ist; es ist nicht nur die Luft, sondern noch mehr die Einwirkung der Lichtstrahlen, welche die Butter rasch verdirbt.

Das Anrichten

Eine feine Köchin legt, wie die feine Hausfrau, einen sehr großen Wert auf die Art des Anrichtens. Das Anrichten ist sozusagen der Rahmen oder das Kleid der Speisen, und das Sprichwort „Kleider machen Leute" kann man auch hier anwenden.

Das einfache Mahl, das hübsch aufgetragen (serviert) wird, gilt vor feinen Gästen mehr als das reiche, schlecht und unreichlich dargereichte. Zierlich und appetitlich angerichtet stellt die feine Köchin ihr Küchenwerk auf den Tisch, und zwar nicht nur, wenn Gäste da sind, sondern auch bei dem alltäglichen Mahle. Immer denkt sie daran, daß Geschirre und Gerichte nach Art und Größe und so weiter zusammenpassen (stimmen), und niemals wird es einer meiner Leserinnen einfallen, es zu machen wie unsre kluge Resi, die das Kompott auf einer Fischplatte hereinbrachte und die Spargeln in einer tiefen runden Schüssel, aus der sie kaum herauszubekommen waren!

Niemals sollen die Schüsseln bis zum Rande gefüllt sein (hauptsächlich damit das Verschütten vermieden werde).

Ferner ist darauf zu achten, daß die Schüssel am Rande beim Anrichten tadellos rein bleiben oder vor dem Auftragen nochmals abgewischt werden, was, wenn die Schüssel zum Erwärmen am Herde gestanden hat, auch unten nötig ist.

Daß zur appetitreizenden Verschönerung einzelner Gerichte das sogenannte Garnieren, das heißt Verzieren, viel beiträgt, wißt ihr wohl alle?

Ich möchte hier nur raten, euch die einfachsten Mittel zu diesem Zwecke stets bereit zu halten. Zum Beispiel eingemachtes Obst für süße Puddinge und Auflaufe – Zitronenteile, die man braucht, wenn Sulzen oder Kaviar geboten wird – Fleisch-Aspik in kleine Figuren geschnitten um kalten Aufschnitt – Grünzeug bei Fischen und Krebsen – harte Eier, in Achtel geschnitten, um grünen Salat oder sehr niedlich zwischen junger Kresse (die man sich in Blumentöpfen, die man manchmal mit Spülwasser gießt, auch im Winter am sonnigen Küchenfenster ziehen kann) um Platten mit Schinken und Wurst gelegt – endlich ausgezackte Papierstreifen, die mit dem schmalen, seidenen Bändchen um hervorstehende Braten- und Geflügelknochen befestigt werden.

Braten garniert man am Plattenrand häufig mit Kartoffelcroquettes, Rosen- und Blumenkohlsträußchen, Kastanien, feinen Pilzen und Perlzwiebeln.

Fleischsalate werden häufig mit einem Stern oder einer ähnlichen Figur verziert; man bildet sie aus in schmale Streifen geschnittenen Sardellen, zwischen die man gewiegte Eidotter, gewiegtes Eiweiß, gewiegte oder in niedliche Halbmonde u. s. w. geschnittene Rote Rübenscheiben legt, außen herum noch etwa Zitronenrädchen.

Fleischspeisen, die, um ihre Form zu behalten, während des Kochens mit Fäden umwickelt werden – wie zum Beispiel das Rippenstück bei Rindsbraten oder Kalbsrollen – müssen vor dem Auftragen sehr genau betrachtet werden, ob beim Abnehmen der Fäden auch nicht das kleinste Teilchen an ihnen geblieben sei.

Gerichte, die in der Blechform, in der sie gebacken wurden, auf den Tisch kommen, müssen, wenn sonst keine Umhüllung vorhanden ist, mit einer frischen Serviette umwunden werden.

Zur Verschönerung von Kuchen und Torten kann man sich vom Konditor sogenannte Zuckergußmasse in einem Dütchen geben lassen. Diesem Dütchen reißt man die allerunterste Spitze ab und kann dann mit dem heraussträufelnden Saft allerlei Verzierungen anbringen.

Suppen, Gemüse, Saucen dürfen nie „fett“ aufgetragen werden; man schöpfe ganz besonders sorgfältig von Saucen das Fett ab.

Von Zuspeisen – Gemüse, Kartoffeln, Kompott – besonders von solchen billiger Art, sollen nie zu große Schüsseln aufgetragen werden, lieber zu kleine! Man kann ja Vorrat in der Küche zum Nachfüllen zurückbehalten.

Noch etwas Wichtiges beim Anrichten ist das Erwärmen des Geschirrs für warme Speisen. Bei fetten, leicht erkaltenden Gerichten, wie zum Beispiel Lendenbraten, müssen auch die Eßteller erwärmt gedeckt werden, denn auch die beste Speise verliert, wenn sie erkaltet gegessen wird.

Meine Köchin hält sich während des Essens stets ein Becken mit heißem Wasser bereit, worin sie Geschirre, deren sie unvorhergesehen bedarf, rasch erwärmt.

Der Anzug

Eine Köchin muß vor allem jederzeit höchst appetitlich aussehen. Darum ist bei ihr die weiße Schürze unerläßlich. Sie ist gleichsam das vertrauenerweckende Abzeichen des hochgeschätzten Köchinnenberufes und muß daher von der Köchin jederzeit getragen werden. Kein Gedanke an das „viele Waschen“ darf sie davon zurückhalten. Wohl aber kann sie zum Spülen und ähnlichen Arbeiten dunkle Schürzen überziehen.

Neben den weißen Schürzen wird in vielen großen Häusern auch gewünscht, daß die Köchin eine weiße Haube trage; damit soll die Reinlichkeit des Haares betont und soll zugleich eine gewisse Sicherheit gegeben werden, daß gewiß niemals – o, schrecklichster der Schrecken! – ein Haar in die Suppe komme!

Nicht enthalten kann ich mich nun, mit meinen lieben Leserinnen noch ein Wörtchen über

Verschwenden und Sparen

zu reden. Ich mahne dabei wiederum an den ungetrübten Glanz des blinkenden Kleinods der Redlichkeit. Und zwar abermals nicht im groben Sinne, als ob ich auch nur daran dächte, daß es einer von euch möglich wäre, nur einen Pfennig mehr zu verrechnen, als sie wirklich ausgeben mußte; nein, daran denke ich nicht, ihr lieben, braven Mädchen, denn auch unbegründetes Mißtrauen ist eine Sünde, deren ich mich nicht schuldig machen will. Auch nicht in Bezug auf das für die Herrschaft möglichst vorteilhafte Einkaufen der Lebensmittel mahne ich, nein, jede tüchtige Köchin wird ohnedies eine Ehre darein setzen, möglichst klug und bedächtig, zur besten Zeit und am besten Orte einzukaufen.

Nein, ich meine die strenge Redlichkeit bei der Zubereitung und Verwendung der Speisen selbst. Ich meine die Verschwendung, die hierbei oft unbedacht und leichtfertig, oft sogar gewissenlos und sündhaft getrieben wird. Es gibt leider viele Köchinnen, die mit Butter, Schmalz und Zucker der Herrschaft gar verschwenderisch hausen. Verschwenderisch heißt hier soviel als zur vorzüglichen Zubereitung der Speisen – auf die ihr nach Wunsch der Herrschaft natürlich vor allem zu achten habt – unnötig angewendet. Wenn ihr zum Beispiel die Butter in der Kotelettpfanne aus Unachtsamkeit verbrennen laßt und ihr alsdann, um die Kotelette zu backen, ein frisches Stück Butter in die Pfanne legen müßt, so ist das im höchsten Grade tadelnswerte Verschwendung; ebenso wenn ihr, statt den Teig mehr zu schlagen, mehr Eier oder Butter hineingebt.

Tut dergleichen ja nicht, meine lieben, jungen Leserinnen, gewöhnt euch daran, zu denken, daß auch dies alles anvertrautes Gut ist, geht damit um, als ob es euer eignes wäre!

Euer Gewissen wird, wenn ihr euch nur einmal daran gewöhnt habt, in allen Dingen darauf zu horchen, hier euch richtig beraten und euch auch vor der sündhaften Verschwendung der Speisereste behüten. Wohl weiß eine geschickte Köchin die Reste meist vorteilhaft in allerlei neuen Formen am „andern Tag" zu verwenden, aber es ist in manchen großen Häusern, wo oft Tischgäste geladen sind, ihr dies beim besten Willen nicht immer möglich. Aber auch in solchen Fällen ist es sündhaft, Reste – und wäre es nur eine kalte Kartoffel – wegzuwerfen. Bittet die Herrschaft, daß ihr unverwendete Reste an Arme geben dürft, und sammelt das von den Tellern Abgeräumte, Apfelschalen und dergleichen, für das Vieh eurer Milch- oder Butterfrau. – „Sammelt die übrigen Brocken, daß nichts umkomme," sagt Christus. Und ihr sollt bedenken, auch bei der kleinsten Brotrinde, daß alle Gabe von oben kommt.

Zum Schlusse seien noch erwähnt:

Theebereitung und Theebrötchen

Es findet sich diese Vorbereitung des feinen Theetisches (siehe auch Seite 42) in keinem Kochbuche; sie wird aber in Häusern, wo häufig Thee getrunken wird – in vielen Familien täglich nachmittags – von der Köchin oder dem Zimmermädchen verlangt. Und da zu diesem Nachmittagsthee häufig Besuche kommen, wird es der Hausfrau angenehm sein, wenn ihr eine niedliche Abwechslung hierzu aufzustellen wißt.

Von guten schwarzen Theeblättern rechnet man für jede Tasse einen Theelöffel voll; der Thee wird mit kochendem Wasser übergossen und nach sechs bis acht Minuten abgeseiht. Die Theeblätter aufkochen zu lassen oder Nelken, Zimmet und dergleichen beizufügen, ist sehr unfein und verdirbt den reinen Theegeschmack.

Ist die Besorgung der Beilagen ganz einem Mädchen überlassen, wie es in großen Häusern vorkommt, so halte es sich in einer Blechschachtel, nebst allerlei kleinem, nach dem Kochbuch selbstverfertigtem „Theegebäck", das zwischendurch mit solchem vom Konditor ergänzt werden kann, verschiedene „englische Biskuits" und Zwieback, sowie ein Laibchen Pumpernickel. Von jedem dieser Art abwechselnd je ein Tellerchen (Silber oder Porzellan) oder Körbchen voll, dazu die Butterdose und ein zierliches Töpfchen voll Gelée, um auf den Zwieback gestrichen zu werden, läßt für mehrere Tage Abwechslung bringen. (Pumpernickel wird in daumenbreiten, ganz dünnen Schnitten, die mit Butter bestrichen und je zwei zusammen gesetzt sind, aufgetragen.) Hefengebäck und Obstkuchen passen nicht zum Thee.

Sind auch Herren am Theetisch, so sind besonders folgende Brötchen beliebt: Weißbrotschnitten mit Sardellenbutter oder reiner Butter bestrichen und mit Sardellenstückchen belegt oder mit Senfbutter bestrichen. Ein eigroßes Stück Butter wird hierzu mit einem Eidotter flaumig gerührt, etwas gesalzen und gepfeffert und mit einem Theelöffelchen französischem Senf vermischt. Werden solche Senfschnitten geboten, so muß ein zweites Tellerchen Schnitten mit Wurst enthalten. (Die Sardellen werden gewaschen, voneinander gerissen, gereinigt und in Viertel geschnitten.) Weißbrotschnittchen, mit Butter bestrichen und mit einer Scheibe von hartem Ei oder feiner Wurst belegt; oder die Butterschnitte ist, bestreut mit gewiegtem Ei, auf dem eine über einen ganz dünnen Kochlöffelstiel gerollte halbe Sardelle liegt – das Rund ist mit gewiegtem Schinken (der mit etwas feingewiegter Petersilie besät ist) oder mit geriebenem Parmesankäse bestreut; oder die reine Schnitte ist mit Kaviar bedeckt; oder die Schnitte ist hell geröstet, mit Butter bestrichen und mit einigen Kapern bestreut. Legt man etwas größere Wurst- oder Zungenscheiben (stets muß die Haut abgezogen sein) auf Butterbrötchen, so kann man sie sehr nett verzieren: man träufelt von einem spitzen Löffel erwärmtes (nicht heißes) Schweinefett auf den Rand der Fleischschnitten, und zwar in Ringellinien, wie man sie beim Konditor auf Brottorten sieht. Auch geröstete, in Stückchen geschnittene Hörnchen und feine Weißbrotscheiben, mit dicker Mayonnaise bestrichen, sind fein. Eine der wohlschmeckendsten Theebeilagen sind jedoch die englischen Toasts (sprich Toost). In England bekommt man hierzu bei jedem Feinbäcker eignes Toastbrot; ich nehme dazu, als diesem am ähnlichsten sogenanntes rimisches oder gemischtes, das heißt ziemlich weißes Schwarzbrot. Dünne, ganze Scheiben, von denen die Rinde abgeschnitten ist, werden an die Gabel gespießt, rasch an der Glut des Füllofens oder Herdfeuers (man muß die Schürtüre öffnen) hellbraun geröstet. Sie sind am besten, wenn sie noch heiß mit Butter bestrichen und gleich gegessen werden. Doch kann man auch kalte, in Hälften geschnittene, mit Butter bestrichene Toasts auftragen, sie auch, wie es in England Sitte ist, im Frühjahr mit Kressenblättchen oder einem Blatt angemachten Kopfsalates, dem eine Eischeibe beigefügt ist, oder mit kleinen oder gespaltenen Radieschen, an denen die kleinen Herzblättchen hängen, belegen.

Das Kindermädchen

Ein Kindlein ist ein heilig Gut;
Des acht, wer's hat in seiner Hut.
Ein Blümlein ist's vom Himmelreich,
Wie Schnee so weiß, wie Wachs so weich.
Stets rein und zart sei jede Hand,
Die pflegt solch süßes Himmelspfand.

Solch ein süßes Himmelspfand zu lieben, kann es schwer sein? Solch ein hilfloses, schuldloses Geschöpfchen, das noch nicht einmal weiß, was böse und unrecht ist und es erst von uns großen, bösen Menschenkindern erfährt, solch ein unwissendes Wesen, das mit den klaren Kinderaugen froh lächelnd der Welt und ihrem unbekannten Kampf und Leid entgegenschaut und vertrauend jedem Wesen und vertrauend jedem Menschen sein goldenes Kinderherz öffnet – wahrhaftig, es ist schwer, Kinder nicht zu lieben! Wo aber Liebe ist, da ist auch Geduld, und in diesen beiden göttlichen Schwestern habt ihr die besten Lehrmeisterinnen in der Kinderpflege.

Nun kommt es aber trotz allem vor, daß sich die Liebe nicht einstellt, sei es, daß eure eigne Gemütsart daran schuld ist oder daß die euch anvertrauten Kinder schon größer und durch früheren Einfluß verdorben sind und ihr an ihnen – was aber kaum möglich ist – gar nichts Liebenswertes mehr entdecken könntet.

Alsdann müßt ihr an die Pflicht denken, die ihr, indem ihr euch verdinget, übernommen habt, alsdann muß euch allzeit das Bewußtsein beseelen, daß ihr mit eurem Berufe eine große Verantwortung, sowohl in Bezug auf Körperpflege als Seelenpflege des Kindes, übernommen habt.

Die Körperpflege des Kindes.

Die Pflichten hierüber werden euch im einzelnen von der Herrschaft angegeben. Im allgemeinen aber muß ich verschiedenes bemerken.

Vor allem mahne ich wiederum zur Reinlichkeit. Sie ist, bei dem Kinde angewendet, mehr als ein Schmuckstück; für das Kind ist die Reinlichkeit viel mehr als bei jedem Erwachsenen, eine wesentliche Gesundheitsbedingung. Sorget also, so viel an euch liegt, dafür, daß der Körper der Kleinen, Wäsche und Kleidchen, daß auch die Kinderstube, ja selbst das Spielzeug, alle Eß- und Trinkgefäße der Kinder immer recht, recht rein seien.

Ihr alle wißt, daß sauer gewordene Milch den Kindern schädlich, sehr kleinen Kindern sogar lebensgefährlich werden kann. Sehr oft wird das Sauerwerden – und selbst der kleinste Anfang hierzu ist schädlich – nur durch Unsauberkeit der Gefäße herbeigeführt. (Auskochen und Trocknen in freier, sonniger Luft ist die sicherste Reinigung der Milchgefäße.) Ermeßt aus diesem, wie wichtig bei Kinder peinliche Reinlichkeit in jeder Richtung ist!

Hierzu gehört in erster Linie auch frische Luft; sorgt also, daß solche so viel als irgend möglich im Kinderzimmer herrsche und benutzt gewissenhaft jede Minute der Zeit, die ihr nach Wunsch der Herrschaft mit den Kindern im Freien zubringen sollt. Denn den größten Teil des Tages der guten und leidlich guten Jahreszeit im Freien zuzubringen, ist, nächst einfacher, entsprechender Nahrung, das aller-, allerbeste, was man dem normal geborenen Kindern für seine Gesundheit durchs ganze Leben antun kann.

Dieselbe peinliche Reinlichkeit müßt ihr auch für eure Person pflegen, und zwar nicht nur an euerm Anzuge, sondern auch an euerm ganzen Körper vom Scheitel bis zur Sohle. Die Bemerkungen, die ich hierüber im Eingang unsers Büchleins machte, soll sich das Kindermädchen zweimal gesagt sein lassen. Bedenkt, daß eure Kinder mit euch in steter Berührung sind. Seid allzeit so, daß es der Hausfrau nicht leid zu sein braucht, wenn sie sieht, wie eure kleinen Pfleglinge euch mit den dicken Aermchen recht, recht fest an sich drücken und mit dem rosigen Mündlein euch ein zärtliches Küßlein zu geben versuchen.

Schwerer noch als durch Unreinlichkeit versündigen sich manche Kindermädchen an der Gesundheit ihrer anvertrauten Kleinen durch allerlei dumme Gewohnheiten, die sie allerdings meist nur aus Unwissenheit annahmen. So hat zum Beispiel das Kindermädchen einer meiner Bekannten die schreckliche Art, das kleine einundeinvierteljährige Würmchen durch Kitzel zum Lachen zu reizen, und ist dann selbst über des Kindes anscheinende Fröhlichkeit seelenvergnügt. Sie weiß nicht, daß dies Lachen nur ein durch das Kitzeln hervorgebrachter Nervenreiz ist, der der zarten, leicht verletzten Gesundheit des Kindes schädlich ist.

Aehnlichen Unsinn begehen manche Kindermädchen durch starkes Schaukeln, sei es in der Wiege oder im Arm, durch Hinundherschieben des Kinderwagens und dergleichen. Sie glauben dadurch den Kleinen Angenehmes zu erweisen, weil in der Tat schreiende Kinder hierauf oft verstummen und einschlafen. Dies geschieht aber nur infolge von Betäubung, in die das zarte Kindergehirn durch alle heftige, fortgesetzten Bewegungen versetzt wird. Solche Bewegungen werden also immer nur schädlich sein.

Das Kindermädchen soll, statt zu solchen Beruhigungsmitteln zu greifen, besonders bei Kindern, die sich noch nicht durch die Sprache verständlich machen können, lieber die Ursache des kindlichen Weinens zu ergründen suchen. Denn so ein kleines, unschuldiges Wesen, das noch gar nicht einmal weiß, was „böse“ ist, schreit nie, wie manche meinen, „aus Bosheit“. Nein, es wird immer einen Grund dafür haben, sei es ein nasses Bettchen, Hunger, Durst, das Bedürfnis nach Schlaf, oder sei es, daß es irgend etwas drückt, beengt oder schmerzt. Es braucht nicht gerade ein so nachdrücklicher Grund zu sein, wie der des Kindchens aus der kleinen Geschichte, die ich einmal hörte. Schrie da ein Dingelchen, das eben ganz frisch gewickelt worden war und seine Nahrung bekommen hatte, ganz jämmerlich! Das Kindermädchen versuchte alle Künste; das Zimmermädchen kam, trug es herum und sang schön und immer schöner; die Köchin kam und schaukelte es in ihren starken Armen heftig und immer heftiger; die Mutter kam und drückte es zärtlich und immer zärtlicher ans Herz; der Vater kam und machte ihm mit der Schlafrockquaste die wundervollsten Dinge vor. Nichts half, das

Kind schrie immer stärker – es war unbegreiflich! Endlich erschien die kluge Tante und wickelte das eben frisch eingebundene Kindchen nochmals auf und entdeckte eine – Schere, die beim Einbinden vom Tisch gefallen war!

Wo aber keine äußerlichen Gründe zu entdecken sind, ist anzunehmen, daß innerliche das Weinen verursachen; dann müßt ihr nur um so bedachtsamer sein und auch die Herrschaft selbst zu Rate ziehen.

Habt eben auch hierin, meine lieben Mädchen, Geduld, Geduld, Geduld, auch wenn euch der nächtliche Schlaf durch des Kindes Unruhe manchmal gestört wird. Gebt nur um alles nicht den Kindern jemals künstliche Schlafmittel, die euch vielleicht von Bekannten oder sogenannten Freundinnen angeraten werden. Glaubet diesen nicht, wenn sie euch sagen, das schade nichts. Es ist nicht so. Derlei Mittel wirken immer schädlich auf das zarte Kindergehirn. Ich kenne eine Familie, deren Kindermädchen sogar den Tod des ihr anvertrauten Kindes verschuldete, weil es diesem Schlafmittel gegeben, wodurch ein Gehirnschlag herbeigeführt wurde.

Nicht weniger oft als Taten sündigen viele Kindermädchen durch Unterlassung, besonders auch durch Unterlassung steter Aufmerksamkeit auf das Kind. Habet ihr, meine lieben Leserinnen, doch jederzeit acht, habet acht, daß es nichts Ungehöriges in den Mund nehme, besonders kein Spielzeug, das leicht schädliche Farben an sich haben kann, habet acht, daß ihm seine Müschen oder was es sonst sei, nicht zu heiß in das zarte Mägelchen bekommen, habet acht – –

Aber nein, die Gefahren, denen solch ein kleines, tappiges Geschöpfchen, das noch nichts von Gefahr und Schaden weiß, das an alles in der Welt voll Vertrauen herangeht, ja selbst lächelnd das Händchen ausstreckt, um den schrecklichen Löwen im Käfig als „Munikatzi" zu streicheln, nein, die Gefahren sind unzählbar, und ich kann nicht weiter darauf eingehen. Nur eure stete Aufmerksamkeit kann eure Pfleglinge davor schützen und kann euch selbst vor schwerer Schuld und lebenslänglicher Gewissenslast bewahren. Ein einziger unbewachter Augenblick aber kann oft furchtbare Folgen haben.

Ich kenne zum Beispiel eine Familie, deren Kindchen im Regenfaß ertrank, während das Mädchen in ein Buch vertieft war; eine andre, deren einziger Sohn zeitlebens lahm blieb, weil das Mädchen, während es andern Beschäftigten nachging, ihn als anderthalbjähriges Kind in das nasse Gras gesetzt hatte; eine andre Familie, deren Tochter stark verwachsen ist, weil sie, ganz klein, durch Unachtsamkeit des Kindermädchens vom Tische herabgestürzt war. Das betrübendste an dem letzen Falle ist, daß, wenn das Kindermädchen das Unheil sogleich ihrer Herrschaft mitgeteilt hätte, durch sofortige ärztliche Behandlung die üblen Folgen hätten vermieden werden können.

Darum mahne ich euch recht von Herzen, lasset euch nie durch selbstische Furcht abhalten, derlei Unfälle sogleich aufrichtig einzugestehen. Leicht kann es euch sonst geschehen, daß durch die Verheimlichung euer Fehler des Leichtsinns. Eine tausendmal schwerere, unverzeihliche, verbrecherische Schuld wird.

Alle diese Pflichten und deren Versäumnis in Bezug auf den Körper des Kindes sind ganz deutlich erkennbar. Weniger deutlich und darum auch nicht von allen Kindermädchen begriffen sind

Die Pflichten in Bezug auf die Seele des Kindes.

Möchtet ihr doch, meine lieben Leserinnen, allzeit des Doppelsinnes der Worte unsers Eingangsverses eingedenk sein: „Stets rein und zart sei deine Hand."

Damit ist nicht nur eure leibliche Hand gemeint, sondern auch euer ganzes Sein und Wesen und der Einfluß, den diese auf das Gemüt des kleinen Geschöpfchens: „wie Schnee so weiß, wie Wachs so weich", ausüben. Bei und mit und von euch bekommt es seine ersten Eindrücke und Kenntnisse von der Welt.

Denket also allzeit daran, daß eure Pfleglinge von euch nichts Unschönes, Häßliches, Unrechtes annehmen und lernen können. Richtet danach euer ganzes

Benehmen.

Beherzigt alles, was ich darüber schon im Abschnitt „Allgemeines" sagte, für eure Person noch ganz eigens. Ja, euer Benehmen, meine lieben Kindermädchen, soll ganz besonders fein, still und ruhig sein, ohne deshalb der freundlichen Heiterkeit zu entbehren, die Kindern so wohltut.

Seid auch nie grob mit ihnen und auch nicht heftig, selbst wenn eure Art leicht dazu neigen sollte. Hütet euch, sie zu schlagen. Wendet euch nötigenfalls an die Herrschaft. Wenn diese auch selbst noch so streng mit ihren Kindern sein sollte, so wird sie es von euch stets sehr übel aufnehmen, wenn ihr euch hinreißen lasset – was euch ja auch keinesfalls zusteht – die Kinder zu schlagen. (Siehe auch Anrede in „Allgemeines".)

Auch in allen euern Gebärden bewahret feine Sitte, vor allem beim Essen. Tut es „fein artig" wie ihr es an eurer Herrschaft beobachten könnt, und nicht wild und ungesittet.

Nicht weniger geschätzt und beliebt wie ein feines Benehmen, ist bei Kindermädchen eine gute, hübsche

Sprechweise. [1])

Meidet vor allem gemeine Ausdrucksweise und alle rohen und häßlichen Worte. Horchet nur einmal darauf hin, wie wirklich feine Damen sich ausdrücken.

Bestrebet euch auch, recht schön und deutlich zu sprechen, besonders die Vor- und Nachsilben nicht nachlässig zu verschlucken, zum Beispiel

[1]) *In vornehmen, hohen und höchsten Häusern wird auch Kindern schon die Anrede der Erwachsenen gegeben, zum Beispiel Hoheit, Gräfin und so weiter.*

g'ang'n, g'stand'n oder g'schtand'n zu sagen. Sehr förderlich ist es, zur Erlangung einer guten, reinen Aussprache öfters laut zu lesen oder Lieder und Gedichte, wie ihr deren gewiß noch von der Schulzeit im Gedächtnis habt, sich laut vorzusagen.

Ein gleich bedachtsamer, feiner Sinn soll euch auch zu eigen sein bei den

Beschäftigungen mit dem Kinde.

Sagt und lest ihm Verschen und Liedchen vor, lest und erzählt ihm Märchen und Geschichten. Nur seid dabei in der Auswahl stets auf den zarten, empfindsamen Kindersinn bedacht und hütet euch vor allem, des Kindes Furchtgefühl zu erwecken und zu reizen. Besonders unterlasset alle Art Gespenster- und Schauergeschichten. Der Eindruck, den derlei auf die zarten Nerven ausübt, kann für das ganze Leben von nachteiligem Einfluß bleiben.

Suchet auch kleine Beschäftigungen zu finden, bei denen man ohne Gefahr auch ganz kleine Kinder sich selbst überlassen kann.

Das sehr geschickte und sehr beliebte Kindermädchen meiner Freundin hat sich kürzlich einen Korb Flußsand sorgfältig getrocknet und ihn dann im Zimmer, da man nicht ins Freie konnte, in einen großen Waschkorb geleert, den es zuvor mit Tüchern fest ausgefüttert hatte. In diesem Sandhaufen sitzt nun ihr kleiner Pflegling, ein einundeinvierteljähriges Mädchen, mit nackten Beinchen, ausgerüstet mit Löffel, Seiher und Förmchen, und spielt oft stundenlang ganz allein und ganz glückselig. Nicht weniger stillvergnügt ist es mit einer Schar leerer Fadenrollen, die Mina, das Kindermädchen, für das Kind gesammelt und mit farbigen Papierstreifen beklebt hat. Trotzdem klein Edy das reichste Spielzeug aller Spielwarenläden besitzt, so spielt sie doch am liebsten und längsten ganz allein mit diesen Dingern, die sich ihr Köpfchen zu Menschen geschaffen hat.

Hat aber ein Kindermädchen nicht die Gabe, die Kleinen gut zu beschäftigen, so suche es sich in der Buchhandlung ein Büchlein über Kinderbeschäftigung zu erwerben, wie sie besonders im Hinblick auf „Kindergärten" zu haben sind.

Seid eben wie allzeit, so auch beim Spiel, liebevoll und geduldig. Und wenn es euch zukommt, des Morgens den ersten und des Abends den letzten Blick euers Pfleglings zu überwachen, so beginnt und beschließt den Tag mit dem Kindchen, sei es auch noch klein und verstünde kaum die Händchen zu falten, mit einem Gebet; sei dieses auch noch so kurz, ja seien es selbst nur ein paar Worte.

Indem ihr durch solch gemeinsames Gebet eure Gemeinschaft mit Gott erneuert, wird euch auch die strenge Erfüllung eurer Pflichten nicht schwer erscheinen, sondern ihr werdet sie gerne und freudig erfüllen im Gedenken an die holden, heiligen Worte:

„Lasset die Kindlein zu mir kommen, denn ihrer ist das Himmelreich."

Nun noch ein Wort über den

Anzug.

Leset zuerst, meine lieben Kindermädchen, nochmals nach, was ich hierüber für alle Dienstmädchen in „Allgemeines" sagte. Zu diesem will ich für euch im besonderen nur noch einiges bemerken.

Für das Mädchen bei kleinen Kindern – solange dieselben getragen werden – ist die weiße Schürze unerläßlich. Doch darf sie niemals mit Stecknadeln befestigt sein, sondern mit Trägern, allenfalls noch mit kleinen Brosche-Schürzennadeln. Ueberhaupt dürft ihr nie Nadeln anstecken haben und auch im Haar nichts tragen, woran das Kind sich verletzen könnte.

Zu der weißen Schürze trägt das Kindermädchen bei Ausgängen einen Hut; nur in einzelnen Häusern wird ein weißes Häubchen, manchmal auch ein ganz besonderer Anzug gewünscht.

Das Mädchen bei Kindern, die schon geführt werden, trägt bei Ausgängen einfachen Straßenanzug mit Hut und Zwirn- oder Wollhandschuhen, aber keine Schürze.

Ist ein solches Mädchen hauptsächlich nur dazu gedungen, sich mit dem Kinde stets zu beschäftigen, und kommt es den Anforderungen, die wir im Absatz „Beschäftigungen mit dem Kinde" betrachtet haben, mit besonderer Fähigkeit, mit verständiger Weiterpflege und guter Ausnutzung seiner Schulbildung nach, so nimmt es eine etwas bessere Stellung ein und wird dann häufig auch

„Bonne"

(sprich Bonn) genannt. Auch versteht man unter Bonne feine Kindermädchen, die manche Herrschaften vom Auslande kommen lassen, damit ihre Kinder spielend eine zweite Sprache erlernen.

Wenn ihr nun eure Muttersprache recht schön sprecht und überhaupt in unserm Sinne ein „feines Dienstmädchen" seid, so könnt ihr, wenn ihr gerne in die Welt hinausgeht, oft recht gute Stellen, zum Beispiel in England und Frankreich, bekommen. Seid aber in der Fremde doppelt behutsam und laßt euch, bevor ihr eine auswärtige Stellung annehmt, die sehr wertvolle Nachforschung des

„Vereins der Freundinnen junger Mädchen"

empfohlen sein! Dieser Verein hat in jedem fremden Lande seine Mitglieder, die euch dort empfangen und nötigenfalls in der Fremde helfen. [1])

Die Adressen findet ihr im „christlichen Ratgeber", das ist ein Büchlein, das der Vorsteher des Vereins, Berlin W, Köthenerstraße 43, herausgibt, und das jedem Mädchen wertvoll und den in die Fremde gehenden durchaus nötig ist.

Bei Stellenlosigkeit in der Heimat sollen alle Mädchen sich an die Marienstifte (katholisch) und Mädgeherbergen (protestantisch) wenden.

---

[1]) *Anfragen, diesen Verein betreffend, sind zu richten an das „Bureau des National-Vorstandes, Berlin W, Köthenerstraße 43". (Freimarke beilegen.)*

Schlusswort

Welche Stelle aber auch ein Mädchen begleite, und zu welcher sich das einfache, vom Lande kommende Mädchen emporarbeite, wenn sie alles in diesem Büchlein Gesagt beherzigt, lernt und befolgt, immer sei sie eingedenk, daß ihr Schmuckkästlein, das wir am Eingange besprochen haben, und das ihr vom lieben Gott gefüllt worden ist, stets ihr höchstes und schönstes Können und Wissen enthalten und bewahren soll. Dann, mag sie in der Heimat oder in der Fremde sein, es wird ihr wohl ergehen und sie kann getrost sein und sich des wunderschönen 37. Psalms erinnern:

„Befiehl dem Herrn deine Wege, und hoffe auf ihn;

Er wird's wohl machen."

Anhang

Nun folgen noch einige Angaben über verschiedene Obliegenheiten, die entweder dem alleinigen Mädchen oder dem Zimmermädchen oder der Jungfer in jeder Stellung nützlich und förderlich sein werden.

So einem Dienstmädchen zum Beispiel für das

große Reinemachen oder Stöbern der Zimmer.

Abgestoßene Stellen an Möbeln werden durch Holzbeize wenigstens braun, wenn auch die Politur sich nicht selbst ersetzen läßt; lackierte Möbel erhalten durch Ueberstreichen mit Bernsteinlack neues Aussehen, gewichste mit in Benzin aufgelöstem Wachs, das man nach dem Trocknen glänzend bürstet.

Abgestoßene Stellen an Goldrahmen bestreicht man mit einer Mischung von Goldtinktur und Goldbronze (in den Materialgeschäften käuflich).

Angorafelle reinigt man durch Abreiben mit warmem Roggenmehl und kämmt sie dann mit einem sehr weiten Kamm.

Beschmutzte und berußte Tapeten werden durch Abreiben mit Schwarzbrotkrumen gereinigt.

Eichenholztreppen, die, um naß aufgewischt werden zu können, nicht gewachst sind, können mit dem schnell trocknenden Bersteinlack selbst gestrichen werden. Fast ebenso glänzend und haltbarer als mit Lack und ebenso der Nässe trotzend werden sie durch Einreiben mit einer gleichteiligen Mischung von Spiritus und ungekochtem Leinöl.

Flecken auf der Politur verschwinden durch eine Mischung von Leinöl und Petroleum, mittels eines Leinenlappens verieben oder durch Benzin.

Die polierten Möbel – besonders die leicht verstaubenden Beine – wischt man mit einem in Petroleum befeuchteten Läppchen ab und reibt sie nachher mit weichen Tüchern tüchtig. Die Möbel scheinen nach der Petroleumbehandlung etwas dunkler; alte Möbel, deren Politur schon recht von Sonne und Licht ausgesogen ist, reibt man nach dem Reinigen mit Petroleum noch mit gekochtem Leinöl ein und reibt dieses recht tüchtig hinein. Neue Möbel, die in den ersten Jahren Politurausschwitzungen zeigen, reibt man mit in Benzin getauchten weichen Läppchen ab.

Nachttischchen werden geruchlos gehalten, wenn sie alle zwei Wochen mit heißem Wasser ausgefegt werden, in dem man eine Handvoll Vitriol aufgelöst hat (durch Ueberschütten mit etwas kochendem Wasser).

Die Oelfarbflecken an den Fensterscheiben werden mit ossa sepia (in den Materialenhandlungen zu haben) abgerieben; wenn sie frisch sind, mit Terpentin.

Zahn- und Nagelbürsten dürfen nie auf dem Rücken liegen, da sonst die Feuchtigkeit die Borsten löst.

Kleidungsstücke und Wäsche betreffend

Boraxpulver in die Wäsche getan, ist ein unschädliches Bleichmittel.

Fettflecken werden mit Benzin und einem reinen Läppchen geputzt.

Glacéhandschuhe, helle Atlasschuhe und Bänder werden mit Benzin und Watte oder weichem Tuche gereinigt und erstere mit Talkum, in der Materialienhandlung käuflich, glänzend gerieben.

Kattunkleider, die zerdrückt sind und die neue Steife verloren haben, werden – am besten zertrennt – mit ganz dünnem Gummiwasser auf der Rückseite bestrichen und noch feucht gebügelt.

Krägen an Herrenröcken werden mit einer weichen, feinen Bürste und Salmiakgeist, zuletzt mit Benzinschwämmchen gereinigt. Sehr schmutzige, ältere Stücke mit grüner „Fleckenseife“ und lauwarmem Wasser, noch feucht gebügelt, nachdem ein reines Tuch darüber gelegt wurde.

Obstflecken auf Weißzeug werden möglichst rasch nach dem geschehenen Unheil in heiße Milch getaucht und mit heißem Wasser und Seife gewaschen. Oder der Stoff wird über eine Schüssel gespannt und stundenlang der Flecken mit warmem Wasser beträufelt. Oder man taucht das ganze Tuch in Wasser und läßt an den Flecken den Dampf einer darunter gehaltenen brennenden Schwefelstange streichen. Natürlich muß das Tuch, damit es nicht verbrennt, stets naß erhalten werden. Der abtropfende Schwefel muß auf Metallunterlage fallen.

Obstflecken auf farbigen Kleidern, wenn der Stoff nicht von sehr zarter Farbe ist und ein Eintauchen in Wasser verträgt, mit Betupfen von heißem Wasser oder mit Schwefel wie oben.

Flecken von Pech und Harz weichen in Spiritus auf.

Pelze und Wollsachen werden im Frühjahr tüchtig geklopft und reichlich mit Naphthalin eingestreut, in gut schließbare Koffer oder Kisten gepackt (etwaige kleine Spalten werden mit Zeitungspapier verklebt, denn auch der Geruch der Druckerschwärze hält die Motten ab). Sind keine solche Koffer oder Blechschachteln vorhanden, so kann man kleine Stücke auch, nachdem sie mit Naphthalin bestreut sind, in reine leinene Tücher wickeln und diese fest zustecken. Aehnliche Verwahrung vor Motten ist auch bei Kleiderschränken, deren Inhalt nur selten gebraucht wird, nötig. Da aber hier der Naphthalingeruch sehr widerlich ist, so legt man Kampferstücke und Kienholz in die Schränke oder Tabaksstaub oder Pfeffer in Gazeläppchen und hängt diese zwischen die Wollkleider. Diese scharfen Gerüche töten die Motten zwar nicht, verhindern aber, daß solche beifliegen und sich zum Eierlegen ansetzen; sichern also die Gegenstände, wenn diese vor dem Einstreuen geklopft waren.

Rostflecken auf Weißzeug werden in heißen Essig gehalten, in dem man Kleesalz aufgelöst hat. In reinem Wasser wiederholt tüchtig nachgespült.

Satinkleider werden ohne Seife in lauem Wasser, in dem Kleie abgekocht wurde (durchgeseiht), gewaschen und gespült, feucht linksseitig gebügelt.

Schwarze verstaubte Spitzen werden in einem Schüsselchen mit Benzin übergossen und darin leicht ausgedrückt, nicht gerieben, dann auf ein Deckbett mit vielen Nadeln (in jedem Zäckchen) aufgesteckt. Waren die Spitzen jedoch fest in Schleifen genäht, so daß beim Abstecken am anderen Tag Falten nicht vergangen sind, so muß man die Spitzen auf Flanell und unter einem Tuch rasch überbügeln. Jedoch sehen sie ungebügelt neuer aus.

Schwarze Stoffe, Woll- und Spitzenstoffe, werden in Teewasser oder in einer Mischung von feinstem Spiritus und Essig leicht gewaschen, dann in ein Tuch eingeschlagen und halbtrocken mit heißem Eisen auf der verkehrten Seite trocken gebügelt und zwar auf wollener Unterlage, Seidenpapier über den Stoff gelegt. Ist durch früheres Bügeln ohne Auflage schwarzer Wollstoff glänzend geworden, so legt man einen feuchten Lappen desselben Stoffes darauf und bügelt diesen, bis er trocken ist.

Stark durchnäßte Stiefel müssen zum Trocknen sofort mit Haferkörnern oder auch Heu vollständig ausgefüllt werden, das die Feuchtigkeit schluckt und auch das Leder nicht runzeln und hart werden läßt. Andern Tags dann dürfen die Stiefeln erst geölt und gewichst werden.

Stiefel von Rind- oder Chevreauyleder dürfen nie gewichst, sondern nur etwas mit „Crême“ eingefettet werden; am vorteilhaftesten bedient man sich zum Einfetten einer alten Zahnbürste.

Seidenstoffe werden wie Spitzenstoffe gebügelt.

Stearinflecken aus Kleidern und Teppichen entfernt man durch Auflegen eines echten Löschpapiers, auf das man ein heißes Bügeleisen hält.

Stockflecke in Weißzeug, die nicht der Rasenbleiche, der grünen Seife und der Kochbrühe weichen, reibe man in etwas Eau de Javelle aus; doch muß dieses sehr rasch geschehen und es muß mehrmals in Wasser nachgespült werden, da dieses scharfe, in der Drogerie käufliche Fleckenwasser, das auch oft bei andern Flecken – auch leicht gesengte Wäsche und Elfenbeingriffe werden damit weiß – Dienste tut, sonst Löcher in den Stoff beißt.

Tintenflecken auf Weißzeug und Tannenholz ebenfalls mit Kleesalz oder etwas Chlorkalk; gut nachspülen.

Waschlederhandschuhe, auch die weißen der Offiziere, werden zweimal in gekochter Seife nur lauwarm herausgewaschen. In das zweite Seifenwasser werden etwa drei Eßlöffel Olivenöl (Salatöl) gegossen auf eine Schüssel von etwa zehn Liter Inhalt. Nach dem Waschen werden sie in leinenen Handtüchern stark ausgewunden und etwa einen Tag lang in luftigem Raume halb (jedoch nicht im Freien) getrocknet, hierauf in die richtige Form gezogen, zwischen Leinentüchern, die nach Bedarf öfter gewechselt werden müssen, vollends getrocknet, dann ausgebessert und mit nur warmem Bügelstahl platt gebügelt. Graue Waschlederhandschuhe, die bei dieser Reinigung die Farbe etwas verlieren, wäscht man besser in Benzin, zieht sie noch feucht in die Länge und hängt sie im Dunkeln auf; weiße und hellfarbene Wollstoffe und Baumwollstoffe mit zarter Farbe wäscht man in lauer (durchgeseihter) Abkochung von Seifenwurz (Panamaholz) ohne Seife. Lau nachspülen und in Tücher geschlagen trocknen.

Zerdrückte Stellen an Sammet und Plüsch verschwinden, wenn man ein nasses dickes Flanelltuch um ein glühendes Bügeleisen legt und den zerdrückten Stoff dicht über den nun emporsteigenden Dampf hält.

Haushaltungsgegenstände betreffend.

Bodenwichsbürsten und Besen, mit denen gewischte Böden gebürstet und gekehrt wurden, reinigt man, indem man sie in ein flaches, daumenhoch mit Petroleum gefülltes Gefäß stellt und am andern Tag mit einem reinen weiten Kamm auskämmt, sodann einige Tage in freier Luft verkehrt aufstellt zum Verdunsten.

Für alle hartnäckig schmutzigen Blech-, Irden- und Steingutgefäße, besonders Bierkrügen für Blechkaffeeseiher, empfiehlt sich Auskochen in Sodawasser, was sie meist neu macht. [1])

Flecken auf ungestrichenen Küchentischen, die der Bürste oder Zitronensäure nicht weichen wollen, reibt man mit sogenanntem Glaspapier weg. Solche ungestrichenen Tische bleiben hell, wenn sie öfters mit 1 Teil ungelöschtem Kalk und 3 Teilen feinem Sand abgerieben und abgewaschen werden.

Kupfer- und Messinggefäße putzt man mit Schlemmkreide und Zitronenresten oder einem Teig von Mehl und Essig.

Das Putzen der Lampen geschieht am besten mit Zeitungspapier; sie werden dadurch schöner als mit fasernden Tüchern, und man erspart deren garstige Wäsche. Zum Reinigen der durchlöcherten Brennteile bediene man sich einer alten Zahnbürste. Den Docht schneide man nie, sondern streiche ihn täglich mit Papier platt. Lampen, die im Sommer nicht im Gebrauch sind, müssen von Petroleum geleert, sorgfältig gereinigt (am besten durch trockenes Ausreiben mit Holzasche) und die Dochte an der Luft getrocknet werden, da sonst die Schraube verdirbt.

Gas- und elektrische Lampen dürfen nur mit dem Staubbesen abgekehrt werden. Die Schnüre der letzteren müssen vor jeder abnützenden Reibung in acht genommen werden, da, wenn durch Abnützung der Schutzseide eine Stelle an der Schnur bloßgelegt ist, große Feuersgefahr durch sogenannten Kurzschluß gegeben ist.

---

[1]) *Solches Auskochen ist sämtlichem Geschirr und Gläsern sehr wohltuend. Man schichtet sehr sorgfältig im Waschkessel alles aufeinander, gießt warmes Sodawasser darauf und heizt dann den Kessel.*

Rostflecken auf Blechgeschirren. Man erwärmt die rostigen Geschirre, bestreicht die Flecken mit Wachs und putzt sie andern Tags mit feinem Kochsalz weg.

Rostflecken auf Messerklingen werden mit einem harten Lederlappen und Schmirgelpulver (Eisenhandlung) weggeputzt.

Silbergeräte und silberne Messergriffe oder Löffel dürfen nie mit Putzpulver behandelt werden, sondern nur in heißem Seifenwasser gewaschen werden, dem man etwas Salmiak zugibt, und mit weichem Tuche abgerieben. Da jedoch bei solcher Reinigung stets etwas Silber weggeputzt wird, so empfiehlt es sich, Schmuckkrüge und so weiter, das heißt Gegenstände, die offen stehen, mit geschlagenem Eiweiß zu überpinseln; sie bleiben dann rein. Schwarze Säureflecken gehen durch Abreiben mit Salz weg.

Wasserflaschen werden sehr hell durch Ausreiben oder Schwenken mit Salz.

Ein schärfstes Hausmittel ist die kaustische Soda, die man in heißem Wasser auflöst. Dieser scharfen, beißenden Lauge – in die man möglichst wenig die Hand bringen soll, und bei der geringsten Verwundung gar nicht – weicht nach mehreren Stunden selbst ein alter Oelfarbenanstrich.

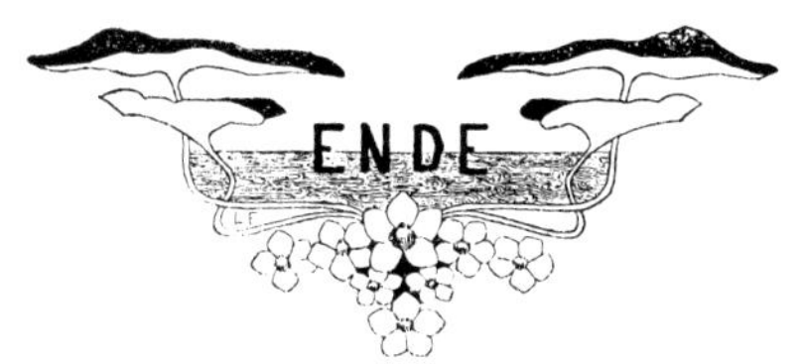

Bücher von Isa von der Lütt im Verlag Rockstuhl

Kindererziehung 1900

Reprint von 1900, Taschenbuch, 44 Seiten
ISBN 978-3-86777-916-6

Feine Dienstmädchen 1892

Reprint von 1892, Taschenbuch, 78 Seiten
ISBN 978-3-86777-297-6

Elegante Hausfrau 1892

Reprint von 1892, Taschenbuch, 226 Seiten
ISBN 978-3-86777-324-9

Gesellige Hausfrau 1892

Reprint von 1892, Taschenbuch, 158 Seiten
ISBN 978-3-86777-344-7